cuisineminute
par marabout

W0405612

Pasta

cuisineminute
par marabout

Pasta

Recettes d'Emma Lewis

À table en :

10 MINUTES 20 MINUTES 30 MINUTES

Mesures liquides

Système impérial	Système métrique
¼ tasse	65 ml
⅓ tasse	85 ml
½ tasse	125 ml
¾ tasse	190 ml
1 tasse	250 ml

Chaleurs du four

Degrés F	Degrés C
250 °F	120 °C
300 °F	150 °C
350 °F	180 °C
400 °F	200 °C
450 °F	230 °C

Mesures d'aliments secs

Farine	1 tasse = 115 g
Sucre	1 tasse = 225 g
Cassonade	1 tasse = 200 g
Beurre	1 tasse = 225 g
Riz	1 tasse = 210 g

Les cuillerées à soupe et à café utilisées dans nos recettes correspondent aux volumes suivants :
1 c. à s. = 15 ml
1 c. à c. = 5 ml

Vous devez préchauffer le four à la température indiquée. Si vous utilisez un four à chaleur tournante, respectez les instructions du fabricant pour adapter la durée et la température de cuisson en conséquence. Le gril du four doit également être préchauffé.

Cet ouvrage contient des recettes réalisées avec des oléagineux. Les personnes présentant une allergie aux noix ou autres oléagineux doivent remplacer ces ingrédients. Les personnes les plus vulnérables, notamment les femmes enceintes ou allaitantes, les malades, les personnes âgées, les bébés et les jeunes enfants, doivent éviter de consommer des oléagineux.

Il est également conseillé de lire la composition des produits industriels pour vérifier s'ils contiennent des traces d'oléagineux.

Certaines de nos recettes contiennent des œufs crus ou à peine cuits. Il est déconseillé aux personnes les plus vulnérables, notamment les femmes enceintes ou allaitantes, les malades, les personnes âgées, les bébés et les jeunes enfants, de consommer des œufs crus ou à peine cuits.

Sommaire

Introduction

30 20 10 – rapide, très rapide, ultrarapide

Ce livre vous permet de découvrir une nouvelle façon de planifier vos repas et vous propose un classement original pour choisir une recette en fonction du temps dont vous disposez pour cuisiner. Vous trouverez ainsi 360 recettes qui ne manqueront pas de vous inspirer et de vous motiver pour cuisiner tous les jours. Elles sont toutes réalisables en 30 minutes au maximum, 20 minutes ou 10 minutes à peine ! Vous pourrez facilement en essayer une nouvelle chaque soir et vous vous constituerez rapidement une liste de recettes variées et adaptées à vos besoins.

Comment ça marche ?

Les recettes sont classées par temps de préparation au début de chaque chapitre.

La recette principale est présentée en haut de la page, accompagnée d'une photo, et deux recettes aux saveurs comparables sont proposées en dessous, avec des temps de préparation différents.

Chaque recette de ce livre peut être cuisinée de 3 façons : en 30 minutes, en 20 minutes ou en 10 minutes pour une version ultrarapide. Parcourez les 360 délicieuses recettes, trouvez celle qui vous donne envie et cuisinez la version qui correspond au temps dont vous disposez.

Une recette similaire en moins de temps

Si vous avez apprécié un plat, vous pouvez aussi essayer les variantes proposées. Par exemple, si les Spaghettis au poulet grillé et salsa verde (page 94) en 20 minutes vous ont plu, mais que vous n'avez que 10 minutes devant vous, vous saurez préparer une recette similaire en moins de temps.

Des saveurs à décliner selon 3 variantes

Si vous aimez les saveurs des Fiorellis au chorizo et au poivron rouge (page 90) en 10 minutes, pourquoi ne pas essayer une recette plus consistante de la Paella de risonis au poivron rouge en 20 minutes ou une version plus élaborée comme les Fiorellis à la sauce au poivron rouge ?

Des suggestions thématiques

Si vous êtes en manque d'inspiration, vous trouverez un aperçu rapide des recettes classées par thèmes pages 12 à 19, par exemple 100 % végétariens ou Tout en un.

Pasta express

Pendant des années, on a raconté que Marco Polo avait inventé les pâtes après avoir goûté des nouilles lors de ses voyages en Chine, et qu'elles se sont diffusées dans le monde entier à son retour en Italie. Aujourd'hui, les historiens pensent que les Européens mangent des pâtes depuis l'époque romaine. Une chose est sûre : si elles sont si populaires, c'est qu'elles ne coûtent pas cher, se cuisinent rapidement et s'accommodent de mille et une façons. En Italie, les variations sont légion. Dans le Nord du pays, on apprécie les sauces riches, telles que le fameux *ragu alla bolognese* ou le *genovese pesto*, tandis que dans le Centre, on reste un peu plus simple, avec des plats comme la carbonara ou l'amatriciana. Dans le Sud, vous trouverez davantage de sauces légères, à base d'huile d'olive et de tomate, et souvent de légumes, de poisson et de fruits de mer. Née en Italie, la passion de *la pasta* s'est rapidement propagée dans le monde entier. Depuis les grands classiques américains, comme la sauce alfredo ou les penne à la vodka, jusqu'aux saveurs espagnoles ou même mexicaines, en passant par des recettes incontournables, que les enfants aiment tant et qui se transmettent de génération en génération, comme les macaronis au fromage, vous n'avez que l'embarras du choix.

Techniques et astuces

Comment cuire les pâtes ?

Prenez votre plus grande casserole. Les pâtes doivent cuire dans beaucoup d'eau – au moins 3 litres pour 400 g –, autrement, elles risquent de ne pas cuire de façon homogène, et même de devenir caoutchouteuses. Elles ont également besoin d'une bonne dose de sel – le goût de l'eau de cuisson doit vous rappeler celui de la mer ! Ajoutez environ 1 cuillerée à soupe de sel dans la casserole. Cela vous paraît beaucoup ? La majeure partie s'en ira avec l'eau de cuisson, lorsque vous égoutterez les pâtes, qui ne conserveront qu'une délicate saveur salée. Certaines personnes ajoutent souvent de l'huile, mais si vous respectez les autres instructions, ce n'est pas vraiment nécessaire.

Faites chauffer l'eau à feu vif. Lorsqu'elle bout à gros bouillons, ajoutez les pâtes d'un seul coup, pour que le temps de cuisson soit homogène. Remuez-les avec une grande cuillère pour les empêcher de coller. Attendez la reprise de l'ébullition et commencez à compter le temps. Pendant la cuisson, remuez les pâtes de temps en temps ; au besoin, réduisez légèrement le feu pour éviter que l'eau ne déborde. Le temps de cuisson dépend du type et de la marque des pâtes. Les pâtes fraîches cuisent parfois en 2 à 3 minutes, alors que certaines pâtes à base de farine de blé dur peuvent nécessiter jusqu'à 15 minutes de cuisson.

Al dente

Commencez à vérifier la cuisson des pâtes 2 minutes avant la fin du temps de cuisson indiqué sur le paquet. Elles doivent être al dente (« à la dent »), c'est-à-dire tendres à l'extérieur, mais légèrement fermes à l'intérieur. Évitez de les faire trop cuire, elles prendraient une consistance caoutchouteuse et collante. Les pâtes pas assez cuites sont blanches à l'intérieur, avec un léger goût de farine.

Égoutter correctement

Prenez une passoire et une tasse et, lorsque les pâtes sont cuites, réservez une tasse d'eau de cuisson (qui vous servira à délayer la sauce au besoin), puis égouttez-les. Mais ne les égouttez pas trop : les pâtes chaudes continuent à cuire, l'eau s'évapore, et elles risquent de se dessécher. Elles doivent rester légèrement humides pour bien se mélanger à la sauce.

La sauce

On sert parfois les pâtes et la sauce séparément, mais pour vraiment en apprécier les saveurs, il faut les mélanger. Une fois égouttées, remettez les pâtes dans la casserole et incorporez la sauce. Vous devez obtenir un plat bien humide, mais les pâtes ne doivent pas être « noyées ». Il faudra probablement ajouter quelques cuillerées à soupe d'eau de cuisson pour délayer un peu la sauce. Servez les pâtes aussitôt dans des assiettes creuses chaudes.

Les bons ingrédients

Un garde-manger bien fourni est un plus dans toute cuisine, surtout si votre temps est compté. Les ingrédients ci-dessous sont utilisés dans plusieurs recettes, en particulier celles de 10 minutes, dans leur version « toute prête » ; ces produits, qui se trouvent dans le commerce à un prix raisonnable, constituent une bonne solution de remplacement des produits faits maison.

La sauce tomate pour pâtes du commerce s'utilise comme base ou seule. Achetez le meilleur produit possible, de préférence au rayon frais ou bio, sans arômes artificielles. Les blancs de poulet grillés du commerce, bon marché, se conservent plusieurs jours au réfrigérateur. Les châtaignes cuites et pelées en conserve, qui se cuisinent de multiples manières, se garderont longtemps dans votre placard.

Achetez le pesto ou le houmous au rayon frais de votre supermarché. C'est en testant les différentes marques que vous trouverez celle qui vous plaît le plus. Certaines recettes contiennent des tortellonis ou des gnocchis du commerce, ou bien des poivrons rouges grillés en bocal, égouttés. Les lentilles déjà cuites en conserve peuvent réellement réduire le temps de cuisson. Les sardines et le thon en conserve, délicieux, constituent une bonne base pour les sauces.

Choisir les pâtes

Fraîches ou sèches ? Les pâtes fraîches, souvent plus chères, ne sont pas toujours la meilleure option – trouver de vraies pâtes fraîches n'est pas une mince affaire, les préparer soi-même non plus. Aussi, est-il parfois mieux de choisir des pâtes sèches de qualité supérieure. Les pâtes italiennes sont généralement les meilleures, peut-être parce que les règles de fabrication sont strictes en Italie. Privilégiez les pâtes 100 % farine de blé dur, qui conservent bien leur forme, leur texture et leur saveur. C'est cette farine qui différencie les pâtes italiennes des autres nouilles ; elle crée des produits malléables, qui peuvent être tordus, étirés et pressés pour obtenir des centaines de formes différentes. On trouve également des pâtes aux œufs, plus soyeuses et plus lisses, parfaites pour les sauces à base de beurre ou de crème du Nord de l'Italie – les pâtes 100 % blé dur se marient mieux avec les sauces à base d'huile, traditionnelles dans le Sud. Pour de nouvelles expériences, essayez les pâtes colorées – celles aux épinards ou encore à l'encre de seiche sont très populaires.

Les 1001 types de pâtes

Il existe toutes les formes de pâtes possibles et imaginables, des animaux jusqu'aux minuscules étoiles pour la soupe, en passant par les classiques spaghettis. On peut distinguer 3 catégories : les pâtes garnies, comme les tortellonis, ou leurs petits cousins les tortellinis, les raviolis et les cannellonis ; les pâtes longues ; et les pâtes courtes. Choisissez vos pâtes en fonction de vos préférences et de ce que vous avez dans votre placard, mais sachez que pour un résultat optimal, elles doivent être adaptées à la sauce. En règle générale, les pâtes courtes captent bien les saveurs des sauces avec des morceaux, tandis que les pâtes longues s'accompagnent de sauces plus fines.

Les pâtes longues

Les plus connues sont bien sûr les spaghettis, mais il existe des versions populaires plus larges, comme les linguine ou encore les tagliatelles, et des formes plus fines comme les capellinis. Ceux qui ont envie d'innover peuvent essayer les bucatinis, en forme de longs tubes, ou encore les papardelles, en forme de longs et larges rubans.

Les pâtes courtes

Il y a les pâtes en forme de tubes, comme les penne, ou les rigatonis, plus épais, et les macaronis, dont les enfants raffolent. Et il y a les pâtes de formes variées, comme les conchiglie (coquillages), les tubettis (gros tubes en tronçons), les farfalles (papillons) ou les fusillis (torsades). Les pâtes artisanales se répandent de plus en plus, notamment les trofie et les orecchiette (petits disques).

La bonne quantité

Il n'y pas de règle stricte quant à la quantité. En Italie, les pâtes se servent traditionnellement avec d'autres plats, mais ailleurs, on les consomme aussi en plat principal – on peut alors compter environ 100 g par personne. Les recettes de ce livre s'adaptent aisément au nombre de convives, et vous pouvez très facilement ajouter une poignée de pâtes si vos invités ont l'air affamés. Si vous souhaitez utiliser des pâtes fraîches à la place de pâtes sèches, adaptez la quantité : il vous faudra environ un tiers de pâtes en plus.

Gratins de pâtes

Des plats sortis du four, à partager.

Cocotte de rigatonis à la forestière 52

Gratin de penne aux asperges, au poulet rôti et au lard 86

Gratin de penne à la tomate 128

Lasagnes à la courgette et au jambon 142

Petits rouleaux aux poivrons rouges et à la ricotta 146

Gratin de spiralis au brocolini et au jambon 164

Gratin de fusillis au thon et au maïs 168

Cannellonis épinards-ricotta 172

Gratin de penne aux épinards et aux saucisses 174

Gratin de macaronis à la tomate 226

Cannellonis au chou-fleur et au bleu 258

Gratin de macaronis aux crevettes 266

Un petit goût d'ailleurs

Pour changer des pâtes au ketchup.

Petites frittatas
aux lardons 32

Fettucine persillées
aux œufs 38

Frittata au poulet
et aux artichauts 62

Capellinis aux fruits de mer
à l'espagnole 116

Farfalles aux boulettes
de poulet 148

Spaghettis de la mer
à la crème 150

Poêlée de macaronis
au fromage 160

Petites lasagnes de courge
butternut à la ricotta 188

Vermicelles aux lentilles
épicées 202

Tacconellis à la crème
tomate-vodka 240

Pâtes au saumon
et aux courgettes 242

Chaussons de patate douce
à la sauge 278

Soupes & salades

En entrée ou en plat principal.

Soupe aux macaronis, courgette et petits pois 24

Soupe de poisson épicée 36

Salade de pâtes à la grecque 44

Salade de fusillis au saumon fumé, sauce à l'aneth 48

Salade fraîche de risonis 50

Salade de pâtes à l'italienne 64

Minestrone classique 132

Salade de trofie aux tomates séchées et à la roquette 136

Soupe de tomates aux pâtes alphabet 140

Soupe de farfallines aux boulettes de dinde 182

Pasta niçoise 190

Bouillon aux tomates et aux palourdes 232

Spaghettis !

Tous vos spaghettis prêts en 10 à 20 minutes.

Spaghettinis et beurre tomate-basilic 68

Spaghettis au pesto de cresson et au bleu 80

Spaghettis citronnés à la roquette 88

Spaghettis au poulet grillé et salsa verde 94

Spaghettis à la carbonara 130

Spaghettis bolognaise à la saucisse 158

Spaghettis au piment, à la roquette et à la ricotta 184

Spaghettis au chou frisé et au gruyère 192

Spaghettis aux boulettes de thon 206

Spaghettis aux poivrons rouges et aux noix 214

Spaghettis du pêcheur au fenouil 248

Spaghettis noirs au piment et aux calamars 254

Poissons & fruits de mer

La fraîcheur de la mer dans vos assiettes.

Casarecce au thon et à la gremolata 70

Linguine marinière à la sauce tomate 92

Conchiglie citronnées au thon et aux câpres 100

Bucatinis aux sardines et au fenouil 112

Conchiglie au saumon et aux poireaux 166

Gnocchis au saumon, sauce tomate pimentée 218

Linguine au sashimi de thon et à la roquette 234

Vermicelles épicés au crabe 236

Salade de fregole chaudes au bar grillé 252

Casarecce au saumon, roquette et oignon rouge 268

Fettucine à la crème de homard 270

Cannellis aux crevettes et crème de tomate 274

Fromage

Toujours plus de goût.

Spaghettis à la betterave et au chèvre 26

Penne au brocoli, sauce au bleu 34

Reginette aux herbes et au chèvre 46

Fusillis lunghis tomate-aubergine-mozzarella 82

Gnocchis à la crème de gorgonzola 106

Linguine aux endives rouges et au mascarpone 108

Rigatonis aux crevettes, aux tomates et à la feta 110

Penne aux patates douces et aux épinards 120

Messicanis aux 4 fromages et au cresson 134

Fusillis au lard fumé et à la ricotta 138

Conchiglie aux épinards et au chèvre 196

Raviolis aux tomates séchées et au chèvre 244

100 % végétariens

Pour manger des légumes sans s'en rendre compte.

Tout en un

Des plats uniques viande + pasta.

Fiorellis au chorizo et au poivron rouge 90

Fusillis au poulet, pesto poivron-amande 104

Linguine et sauce à l'agneau pimentée 118

Lumaconis au porc et aux champignons 122

Fettucine alfredo au poulet 144

Fusillis lunghis sauce tomate, poulet parmigiana 152

Chifferis aux saucisses et à la moutarde 154

Tagliatelles à la courgette, côtelettes d'agneau 246

Radiatore aux saucisses 250

Gnocchetti sardi au chevreuil et aux châtaignes 256

Mafaldine au canard et à la pancetta 260

Tagliarelles au bœuf grillé, sauce goulasch 276

Petites faims

Recettes par temps de préparation

30 MINUTES

20 MINUTES

10 MINUTES

20 MINUTES

Soupe aux macaronis, courgette et petits pois

Pour 4 personnes
1 c. à s. d'huile d'olive
1 oignon finement haché
50 ml de vin blanc sec
1,5 litre de bouillon de poulet chaud
2 courgettes taillées en dés
125 g de petits pois surgelés
125 g de macaronis
25 g de crème fraîche
4 c. à s. de pesto du commerce (au rayon frais)
sel et poivre
pain croustillant pour servir

- Faites chauffer l'huile d'olive dans une casserole et faites blondir l'oignon 5 minutes. Versez le vin, portez à ébullition et poursuivez la cuisson jusqu'à ce qu'il réduise de moitié. Ajoutez le bouillon et laissez mijoter 5 minutes.
- Ajoutez les courgettes, laissez cuire 5 minutes, puis incorporez les petits pois et poursuivez la cuisson 2 à 3 minutes.
- Faites cuire les pâtes al dente dans une grande casserole d'eau bouillante salée, selon les instructions de l'emballage. Égouttez-les, ajoutez-les à la soupe avec la crème fraîche, puis laissez mijoter 1 minute.
- Servez agrémenté d'une grosse cuillerée de pesto. Accompagnez de pain croustillant.

---

10 MINUTES

Soupe express de macaronis à la courgette et aux petits pois Faites fondre un peu de beurre dans une casserole et faites revenir 3 oignons de printemps hachés pendant 1 minute. Ajoutez 1,5 litre de bouillon de poulet chaud, puis 2 courgettes coupées en dés et 125 g de farfalline. Laissez mijoter le tout 5 minutes environ, jusqu'à ce que les pâtes soient cuites. Ajoutez 125 g de petits pois surgelés 2 à 3 minutes avant la fin de la cuisson. Servez la soupe agrémentée de pesto, comme ci-dessus.

30 MINUTES

Soupe de pâtes à la courgette et aux petits pois, toasts à la menthe Préparez la soupe comme ci-dessus. Pendant ce temps, faites légèrement griller 25 g de noisettes. Mettez ½ piment épépiné haché et 1 poignée de feuilles de menthe dans un robot ou un mixeur. Ajoutez un peu de jus et de zeste de citron râpé, et mixez le tout. Tout en continuant à mixer, versez suffisamment d'huile d'olive vierge extra pour former un pesto à la menthe. Faites griller 4 tranches de ciabatta, tartinez-les de pesto et agrémentez-les de 75 g de fromage de chèvre. Servez la soupe dans des assiettes creuses, puis déposez les toasts dessus.

20 MINUTES

Spaghettis à la betterave et au chèvre

Pour 4 personnes
15 g de beurre
1 oignon émincé
250 g de betterave cuite coupée en dés
125 ml de vin blanc sec
200 ml de bouillon de poulet ou de légumes chaud
400 g de spaghettis
75 g de bûche de chèvre coupé en 4 tranches épaisses
75 ml de crème fraîche
sel et poivre
aneth ciselé pour décorer

- Faites fondre le beurre dans une grande casserole et faites-y blondir l'oignon 5 minutes. Ajoutez la betterave et le vin, puis laissez cuire le tout 5 minutes de plus, jusqu'à ce que le vin ait réduit de moitié. Ajoutez le bouillon et laissez mijoter 5 minutes.
- Faites cuire les pâtes al dente dans une grande casserole d'eau bouillante salée, selon les instructions de l'emballage. Déposez les tranches de fromage de chèvre sur une plaque de cuisson chemisée de papier d'aluminium et faites-les dorer 3 minutes sous le gril préchauffé à puissance élevée.
- Incorporez la crème fraîche à la préparation à la betterave et assaisonnez. Égouttez les pâtes et servez-les dans des assiettes creuses. Agrémentez de sauce à la betterave, de 1 tranche de chèvre et d'un peu d'aneth.

10 MINUTES

Spaghettis minute à la betterave et au chèvre Faites cuire 400 g de spaghettis al dente, selon les instructions du paquet. Pendant ce temps, mixez 250 g de betterave cuite coupée en dés et 125 g de fromage de chèvre frais avec un robot ou un mixeur, jusqu'à obtention d'une sauce granuleuse. Égouttez les pâtes, réservez un peu d'eau de cuisson, puis remettez-les dans la casserole. Incorporez la sauce, délayez avec un peu d'eau de cuisson, et servez avec du parmesan râpé.

30 MINUTES

Galettes de pâtes à la betterave et au chèvre Faites cuire 250 g de capellinis selon les instructions de l'emballage. Égouttez-les, passez-les sous l'eau froide, puis égouttez-les de nouveau. Râpez 150 g de betterave cuite dans un saladier, puis incorporez les pâtes et 1 œuf battu. Faites chauffer 1 c. à s. d'huile d'olive dans une petite poêle. Versez 1/8 de la préparation aux pâtes dans la poêle et faites cuire la galette 2 à 3 minutes de chaque côté. Retirez-la de la poêle et gardez-la au chaud. Répétez l'opération avec le reste de la préparation de façon à obtenir 8 galettes. Dans un saladier, mélangez 100 g de cresson, 1 c. à s. de vinaigre de xérès, 3 c. à s. d'huile d'olive vierge extra et le zeste râpé de ½ citron. Garnissez les galettes de salade et de 75 g de fromage de chèvre frais émietté.

30 MINUTES

Soupe crémeuse de pois chiches aux conchigliette

Pour 4 personnes

2 c. à s. d'huile d'olive
1 oignon haché
1 gousse d'ail écrasée
1 brin de romarin effeuillé ou 1 pincée de romarin séché
1 c. à c. de purée de tomates
1 pincée de flocons de piment + quelques flocons pour décorer
800 g de pois chiches en conserve, rincés et égouttés
1,5 litre de bouillon de poulet chaud
150 g de conchigliette
sel et poivre
persil plat frais ciselé pour décorer
copeaux de parmesan

- Faites chauffer l'huile d'olive dans une cocotte puis faites blondir l'oignon et l'ail pendant 5 minutes. Incorporez le romarin, la purée de tomates et les flocons de piment, ajoutez les pois chiches puis le bouillon, et laissez mijoter le tout 12 minutes environ. Retirez du feu.
- Avec une écumoire, ôtez la moitié des pois chiches de la cocotte. Avec un mixeur plongeant, mixez le reste de la préparation de façon à obtenir une soupe veloutée, puis assaisonnez.
- Ajoutez les pâtes et les pois chiches, puis laissez cuire 5 à 7 minutes, jusqu'à ce que les pâtes soient cuites à souhait.
- Servez la soupe dans des bols, puis saupoudrez-la de persil, de copeaux de parmesan et de quelques flocons de piment.

---

10 MINUTES

Soupe express de pois chiches aux conchigliette Mettez 150 g de conchigliette, 800 g de pois chiches en conserve, rincés et égouttés, et 1,5 litre de bouillon de poulet chaud dans une casserole, et laissez mijoter le tout 8 minutes, jusqu'à ce que les pâtes soient cuites et la soupe bien chaude. Avant de servir, incorporez 5 c. à s. de houmous et décorez de persil ciselé.

20 MINUTES

Soupe de légumes aux conchigliette, sauce au romarin Dans une cocotte, faites revenir l'oignon et l'ail comme ci-dessus, en ajoutant 1 bâton de céleri et 1 carotte pelée coupée en petits dés. Incorporez le romarin, la purée de tomates, les flocons de piment, les pois chiches et le bouillon comme ci-dessus, puis laissez mijoter 12 minutes environ. Ajoutez les conchigliette 7 minutes avant la fin de la cuisson. Pendant ce temps, avec un robot ou un mixeur, mixez les feuilles de 2 brins de romarin, 1 petit bouquet de persil plat et 1 gousse d'ail hachée. Ajoutez un peu de jus de citron et suffisamment d'huile d'olive vierge extra pour obtenir une sauce. Lorsque les pâtes sont cuites, servez la soupe dans des bols et arrosez-la de sauce.

10 MINUTES

Linguine aux artichauts, aux olives et au citron

Pour 4 personnes
325 g de linguine
125 g de cœurs d'artichauts grillés à l'huile, égouttés
3 c. à s. d'huile d'olive vierge extra
le zeste râpé et le jus de 1 citron
75 g d'olives noires
sel et poivre
persil plat ciselé pour décorer
copeaux de parmesan

- Dans une grande casserole d'eau bouillante salée, faites cuire les pâtes al dente selon les instructions de l'emballage. Égouttez-les et réservez un peu d'eau de cuisson.
- Remettez les pâtes dans la casserole, incorporez le reste des ingrédients et ajoutez si nécessaire un peu d'eau de cuisson pour délayer la sauce, puis assaisonnez.
- Dressez dans des assiettes creuses, puis décorez de persil et de copeaux de parmesan.

20 MINUTES

Linguine citronnées au poulet et aux artichauts Faites chauffer un peu d'huile d'olive dans une sauteuse. Ajoutez 2 blancs de poulet et 4 tranches de lard fumé coupées en lamelles, et laissez cuire le tout 12 à 15 minutes, en retournant le poulet 1 fois pendant la cuisson. Ajoutez 2 oignons de printemps et 1 gousse d'ail émincés, et poursuivez la cuisson 2 minutes. Faites cuire les linguine. Retirez les blancs de poulet de la sauteuse et coupez-les en gros dés. Remettez le poulet dans la sauteuse, ajoutez les artichauts et les olives noires comme ci-dessus, puis un peu de jus de citron et 3 c. à s. de crème fraîche, et laissez la préparation sur le feu jusqu'à ce qu'elle soit bien chaude. Égouttez les pâtes et remettez-les dans la casserole. Incorporez la préparation au poulet et 1 poignée de persil plat ciselé. Servez aussitôt.

30 MINUTES

Frittata aux artichauts, aux olives et au citron Faites cuire 200 g de penne selon les instructions du paquet. Égouttez-les, rincez-les sous l'eau froide, puis égouttez-les de nouveau. Remettez-les dans la casserole, incorporez 6 œufs battus, 125 g de cœurs d'artichauts grillés à l'huile et 75 g d'olives noires, puis 1 poignée de feuilles de menthe ciselées et le zeste râpé de 1 citron. Dans une poêle chaude huilée, faites cuire la frittata 15 minutes à feu doux, jusqu'à ce qu'elle ait pris (si nécessaire, finissez la cuisson sous le gril du four). Coupez en quatre parts et servez.

30 MINUTES

Petites frittatas aux lardons

Pour 4 personnes
6 tranches de lard fumé
325 g de spaghettis cuisson rapide
5 œufs battus
125 ml de crème fraîche
50 g de gruyère râpé
1 poignée de persil plat ciselé pour décorer
beurre
sel et poivre

- Faites griller le lard fumé 7 minutes sous le gril préchauffé à puissance moyenne. Laissez-le refroidir et coupez-le en lardons.
- Pendant ce temps, faites cuire les pâtes al dente dans une grande casserole d'eau bouillante salée, selon les instructions de l'emballage. Égouttez-les, rincez-les sous l'eau froide, puis égouttez-les de nouveau. Coupez-les en tronçons de 2,5 cm de longueur.
- Mélangez les œufs, la crème fraîche et la majeure partie du gruyère râpé dans un saladier, puis assaisonnez. Incorporez les pâtes et les lardons.
- Beurrez un moule à muffins à 12 alvéoles, puis répartissez la préparation dans les 12 alvéoles. Saupoudrez le reste du gruyère râpé, puis faites cuire 15 à 20 minutes au four préchauffé à 200 °C, jusqu'à ce que les frittatas aient pris. Décorez de persil puis servez.

---

10 MINUTES

Spaghettis aux lardons et chapelure grillée Faites cuire 4 tranches de lard fumé comme ci-dessus, puis détaillez-les en lardons. Faites cuire les spaghettis. Faites chauffer un peu d'huile d'olive dans une poêle et faites griller 25 g de chapelure. Égouttez les pâtes et remettez-les dans la casserole. Incorporez les lardons, 3 c. à s. de crème fraîche et 1 poignée de basilic ciselé. Servez les pâtes saupoudrées de chapelure.

---

20 MINUTES

Spaghettis au jambon et à l'oignon caramélisé
Dans une poêle chaude huilée, faites caraméliser 1 oignon et 1 gousse d'ail émincés 15 à 20 minutes à feu doux. Pendant ce temps, faites cuire les spaghettis. Égouttez-les et remettez-les dans la casserole. Ajoutez à la poêle 2 c. à s. de crème fraîche et 4 tranches de jambon de Parme coupées en lanières, puis incorporez le tout aux pâtes. Servez.

10 MINUTES

Penne au brocoli, sauce au bleu

Pour 4 personnes

325 g de penne
1 petit brocoli coupé en petits bouquets
150 g de fromage bleu crémeux (gorgonzola, Saint Agur, etc.)
50 ml de crème fraîche
sel et poivre

- Dans une grande casserole d'eau bouillante salée, faites cuire les pâtes al dente selon les instructions de l'emballage. Ajoutez les bouquets de brocoli 5 minutes avant la fin de la cuisson.
- Pendant ce temps, dans un bol, écrasez bien le fromage et incorporez la crème fraîche.
- Égouttez les pâtes et le brocoli, puis remettez-les dans la casserole. Réservez un peu d'eau de cuisson. Incorporez la sauce au bleu aux pâtes. Si nécessaire, délayez avec un peu d'eau de cuisson. Assaisonnez puis servez.

---

20 MINUTES

Penne au brocoli et au jambon fumé, sauce au bleu Huilez légèrement 2 grosses tranches de jambon fumé et faites-les cuire sous le gril préchauffé à puissance moyenne 5 à 7 minutes de chaque côté. Laissez-les refroidir, puis coupez-les en lanières. Suivez la recette ci-dessus, en incorporant le jambon en même temps que la sauce au bleu. Servez.

---

30 MINUTES

Gratin de penne au brocoli et au bleu Faites cuire 400 g de penne et un brocoli comme ci-dessus. Pendant ce temps, faites fondre 50 g de beurre dans une casserole et incorporez 50 g de farine de façon à obtenir une sauce onctueuse. Laissez dorer puis, en fouettant, incorporez progressivement 500 ml de lait. Laissez épaissir 5 à 10 minutes. Incorporez 125 g de fromage bleu coupé en petits dés. Égouttez les pâtes et le brocoli, puis mélangez-les avec la sauce au fromage. Mettez le tout dans un plat à gratin et saupoudrez de 125 g de mozzarella râpée. Faites gratiner 5 à 10 minutes sous le gril préchauffé à puissance moyenne.

20 MINUTES

Soupe de poisson épicée

Pour 4 personnes

2 c. à s. d'huile d'olive
1 gousse d'ail émincée
1 piment rouge épépiné et finement haché + un peu de piment émincé pour décorer (facultatif)
1 c. à c. de cumin moulu
1 c. à c. de paprika
1,5 litre de bouillon de poisson chaud
400 g de poisson blanc (cabillaud ou aiglefin), débarrassé de la peau et des arêtes, et coupé en morceaux de la taille d'une bouchée
150 g de stelline
le jus de ½ citron
sel et poivre
brins de coriandre pour décorer

- Faites chauffer l'huile d'olive dans une marmite et faites revenir l'ail et le piment pendant 30 secondes. Ajoutez le cumin et le paprika, puis versez le bouillon.
- Portez à ébullition, réduisez le feu, assaisonnez, ajoutez les morceaux de poisson et laissez mijoter 5 minutes.
- Incorporez les pâtes et laissez cuire 7 à 10 minutes de plus, jusqu'à ce que le poisson et les pâtes soient bien cuits.
- Servez dans des assiettes creuses. Arrosez de jus de citron à votre convenance. Décorez de brins de coriandre et d'anneaux de piment si vous le souhaitez.

---

10 MINUTES

Soupe de tomate épicée à la crevette Dans une marmite, portez à ébullition 300 ml de sauce tomate pour pâtes et 750 ml de bouillon de poisson chaud. Ajoutez le piment, les épices et les stelline comme ci-dessus, puis laissez mijoter 7 minutes environ, jusqu'à ce que les pâtes soient cuites. Ajoutez 150 g de crevettes cuites décortiquées 2 minutes avant la fin de la cuisson. Servez immédiatement.

30 MINUTES

Cabillaud au four et linguine aux herbes Badigeonnez 4 gros filets de cabillaud (ou de tout autre poisson blanc) avec un peu d'huile d'olive, disposez-les dans un plat allant au four, saupoudrez-les de paprika et de cumin, puis laissez-les mariner 5 minutes. Faites-les cuire 10 à 15 minutes au four préchauffé à 190 °C. Pendant ce temps, faites cuire 300 g de linguine al dente, selon les instructions du paquet. Égouttez-les, refroidissez-les sous l'eau froide, puis égouttez-les de nouveau et remettez-les dans la casserole. Incorporez 3 c. à s. d'huile d'olive vierge extra, un peu de jus de citron, 1 gousse d'ail écrasée et 1 poignée de feuilles de menthe et de coriandre ciselées. Servez avec le poisson.

10 MINUTES

Fettucine persillées aux œufs

Pour 4 personnes
300 g de fettucine
15 g de parmesan râpé
+ un peu pour servir
1 poignée de persil plat ciselé
+ un peu pour décorer
3 c. à s. d'huile d'olive
1 gousse d'ail hachée
4 œufs
1 pincée de flocons de piment séché
sel et poivre

- Dans une grande casserole d'eau bouillante salée, faites cuire les pâtes al dente selon les instructions de l'emballage. Égouttez-les, réservez un peu d'eau de cuisson, puis remettez-les dans la casserole. Incorporez le parmesan et le persil, mouillez avec un peu d'eau de cuisson et assaisonnez.
- Pendant ce temps, faites chauffer l'huile d'olive dans une poêle et faites revenir l'ail quelques secondes. Cassez les œufs dans la poêle et laissez-les cuire 3 minutes, jusqu'à ce que les blancs soient pris et que les jaunes soient encore liquides.
- Dressez les pâtes dans des assiettes creuses et garnissez chaque portion de 1 œuf au plat. Décorez de flocons de piment séché, de persil ciselé et de parmesan.

20 MINUTES

Fettucine aux asperges et aux œufs de caille Badigeonnez 150 g de pointes d'asperges d'un peu d'huile d'olive et déposez-les sur une grille. Faites-les griller 5 minutes sous le gril du four préchauffé, en les retournant 1 fois, puis coupez-les en petits tronçons. Faites cuire les fettucine. Pendant ce temps, dans une poêle chaude huilée, faites cuire au plat 4 œufs de caille pendant 2 minutes. Incorporez les asperges et 1 poignée de persil ciselé aux pâtes. Servez les fettucine avec les œufs et du parmesan.

30 MINUTES

Fettucine à la saucisse et œufs au plat À feu moyen, faites chauffer un peu d'huile d'olive dans une poêle et faites griller 6 saucisses de porc pendant 20 minutes, jusqu'à ce qu'elles soient cuites à point. Retirez les saucisses de la poêle, laissez-les refroidir un peu, puis coupez-les en rondelles épaisses. Ajoutez 1 poignée de champignons de Paris parés et coupés en deux, poursuivez la cuisson 1 à 2 minutes, puis ajoutez 100 g de tomates cerises et laissez cuire le tout jusqu'à ce que les tomates commencent à ramollir. Pendant ce temps, faites cuire les fettucine et 4 œufs comme ci-dessus. Mélangez les pâtes égouttées, les saucisses et la sauce aux champignons et aux tomates. Dressez les pâtes dans des assiettes, garnissez-les de 1 œuf, de persil plat ciselé et de parmesan râpé.

10 MINUTES

Tagliatelles à l'huile pimentée à l'ail

Pour 4 personnes
125 ml d'huile d'olive vierge extra
2 gousses d'ail émincées
½ piment rouge épépiné (facultatif) et haché
325 g de tagliatelles aux épinards
sel et poivre
feuilles de basilic pour décorer

- Versez l'huile d'olive dans une petite casserole et, à feu très doux, faites frire l'ail 7 minutes, jusqu'à ce qu'il dore (il ne doit pas brûler). Retirez du feu et ajoutez le piment.
- Pendant ce temps, faites cuire les tagliatelles al dente dans une grande casserole d'eau bouillante salée, selon les instructions de l'emballage.
- Égouttez et réservez un peu d'eau de cuisson. Avec un fouet, incorporez 2 cuillerées à soupe d'eau de cuisson à l'huile pimentée à l'ail de façon à obtenir une sauce lisse, assaisonnez, puis incorporez les pâtes, en ajoutant encore un peu d'eau si nécessaire.
- Dressez les tagliatelles dans des assiettes creuses et parsemez-les de basilic.

---

20 MINUTES

Tagliatelles à la sauce à l'ail rôti Disposez 8 gousses d'ail non pelées dans un petit plat et arrosez-les de 2 c. à s. d'huile d'olive. Faites-les rôtir 15 minutes au four préchauffé à 160 °C. Pressez les gousses d'ail pour les faire sortir de leur peau et réduisez-les en purée avec 3 c. à s. de crème fraîche. Pendant ce temps, faites cuire les tagliatelles. Incorporez la sauce, en délayant avec un peu d'eau de cuisson si nécessaire. Servez avec du parmesan râpé.

---

30 MINUTES

Tagliatelles à l'oignon et à l'ail Faites chauffer un peu d'huile d'olive dans une poêle et faites caraméliser 1 oignon émincé 20 à 25 minutes, à feu doux. Pendant ce temps, faites fondre une noix de beurre dans une casserole, ajoutez 3 gousses d'ail, 1 poireau émincé, 1 oignon rouge émincé et 3 oignons de printemps émincés. Faites cuire 5 minutes environ, à feu doux, jusqu'à ce que les légumes aient ramolli. Versez 75 ml de bouillon de poulet et laissez bouillonner 5 minutes, jusqu'à évaporation presque complète. Faites cuire les tagliatelles, égouttez-les, puis incorporez la sauce à l'oignon et à l'ail. Servez les tagliatelles décorées de ciboulette ciselée et de pecorino râpé.

20 MINUTES

Galettes de capellinis aux œufs brouillés et au saumon fumé

Pour 4 personnes
300 g de capellinis
6 c. à s. d'huile d'olive
4 œufs
3 c. à s. de mascarpone
1 poignée de parmesan râpé
4 tranches de saumon fumé coupées en lanières
sel et poivre
ciboulette ciselée pour décorer

- Faites cuire les pâtes dans une casserole d'eau bouillante salée, selon les instructions du paquet. Égouttez-les, rincez-les sous l'eau froide, puis égouttez-les de nouveau. Dans un saladier, mélangez-les avec 1 cuillerée à café d'huile d'olive, puis incorporez 1 œuf battu.
- Versez la moitié de l'huile restante dans une poêle chaude. Avec les capellinis, façonnez une douzaine de boulettes de 3 cm de diamètre. Faites dorer 4 boulettes pendant 2 minutes, en les aplatissant avec le dos d'une cuillère, puis retournez-les et faites-les dorer 1 minute de plus. Retirez-les de la poêle et gardez-les au chaud. Répétez l'opération avec le reste des boulettes.
- Cassez 3 œufs au-dessus d'une petite poêle, ajoutez le mascarpone et assaisonnez. Faites cuire 2 à 3 minutes à feu doux, jusqu'à ce que les œufs commencent à prendre, puis poursuivez la cuisson 3 à 5 minutes en remuant, jusqu'à obtention d'œufs brouillés crémeux. Ajoutez le parmesan et assaisonnez. Servez les galettes agrémentées d'œufs brouillés et de saumon fumé. Décorez de ciboulette.

---

10 MINUTES

Carbonara au saumon Faites cuire 400 g de capellinis. Pendant ce temps, mélangez le mascarpone et 1 œuf battu. Égouttez les pâtes, réservez un peu d'eau de cuisson, puis remettez-les dans la casserole. Incorporez la préparation à l'œuf et 4 tranches de saumon fumé en lanières, en délayant avec un peu d'eau de cuisson si nécessaire. Servez avec du mascarpone et de la ciboulette.

30 MINUTES

Pâtes aux asperges et au saumon Dans une casserole, faites chauffer le jus et le zeste de 1 citron, 250 ml de vin blanc sec et 1 feuille de laurier 5 à 10 minutes, à feu moyen, jusqu'à réduction. Ajoutez 250 ml de crème fraîche épaisse et prolongez la cuisson de 5 à 10 minutes, jusqu'à réduction de moitié. Gardez la sauce au chaud. Poivrez au moulin 4 petits steaks de saumon. Faites chauffer un peu d'huile d'olive dans une poêle et faites cuire le saumon 5 minutes de chaque côté. Faites cuire 300 g de linguine al dente, selon les instructions du paquet, en ajoutant 150 g de pointes d'asperges 3 minutes avant la fin de la cuisson. Filtrez la sauce dans une passoire, assaisonnez-la, puis incorporez 1 jaune d'œuf et 1 poignée de ciboulette ciselée. Égouttez les pâtes et les asperges, puis incorporez la sauce. Servez avec le saumon.

30 MINUTES

Salade de pâtes à la grecque

Pour 4 personnes

250 g de tomates cerises coupées en deux
4 c. à s. d'huile d'olive vierge extra
1 ½ c. à s. de vinaigre de vin blanc
1 c. à c. de feuilles d'origan + un peu pour décorer
1 c. à c. de sucre
250 g de penne
¼ de concombre coupé en petits dés
75 g de petites olives noires
75 g de feta émiettée
sel et poivre

- Dans un saladier, mélangez les tomates avec 2 cuillerées à soupe d'huile d'olive, puis disposez-les sur une plaque de cuisson. Arrosez-les avec 1 cuillerée à soupe de vinaigre, parsemez d'origan et de sucre, puis assaisonnez. Faites cuire les tomates 20 minutes au four préchauffé à 160 °C, jusqu'à ce qu'elles soient tendres et commencent à se flétrir. Sortez-les du four et laissez-les refroidir quelques instants.
- Pendant ce temps, faites cuire les pâtes al dente dans une grande casserole d'eau bouillante salée, selon les instructions de l'emballage. Égouttez-les, rincez-les sous l'eau froide, puis égouttez-les de nouveau. Mettez-les dans un saladier de service, puis versez le reste de l'huile et du vinaigre.
- Incorporez délicatement le concombre, les olives et les tomates. Ajoutez la feta. Servez la salade décorée de quelques feuilles d'origan.

10 MINUTES

Salade de pâtes à la roquette et à la feta Faites cuire 300 g de penne frais al dente, selon les instructions du paquet, puis égouttez-les. Dans un saladier, mélangez-les avec 75 g de roquette, 75 g d'olives noires dénoyautées, un peu de jus de citron et 1 c. à s. d'huile d'olive vierge extra. Décorez de 75 g de feta émiettée puis servez.

20 MINUTES

Penne tomate-olive-feta Faites chauffer un peu d'huile d'olive dans une casserole, puis faites blondir 1 oignon et 2 gousses d'ail hachés. Ajoutez 75 g d'olives noires dénoyautées et poursuivez la cuisson 1 à 2 minutes. Incorporez 400 g de tomates concassées en conserve et portez à ébullition. Laissez mijoter 12 minutes à feu doux, jusqu'à épaississement. Pendant ce temps, préparez 300 g de penne comme ci-dessus. Déposez 1 morceau de 200 g de feta sur une feuille de papier d'aluminium. Agrémentez-la d'huile d'olive et de 1 c. à c. d'origan. Enveloppez-la dans l'aluminium et faites-la rôtir 10 minutes au four préchauffé à 200 °C. Retirez le papier d'aluminium et coupez la feta en gros dés. Mélangez les pâtes égouttées et la sauce tomate dans la casserole. Servez avec des morceaux de feta.

10 MINUTES

Reginette aux herbes et au chèvre

Pour 4 personnes
325 g de reginette fraîches
150 g de fromage de chèvre frais
1 poignée de feuilles de basilic ciselées + un peu pour décorer (facultatif)
1 poignée de feuilles de persil plat ciselées + un peu pour décorer (facultatif)
1 poignée de feuilles de menthe ciselées + un peu pour décorer (facultatif)
sel et poivre

- Faites cuire les pâtes al dente dans une grande casserole d'eau bouillante salée, selon les instructions de l'emballage.
- Pendant ce temps, écrasez le fromage de chèvre et les herbes dans un saladier, puis assaisonnez légèrement.
- Égouttez les pâtes, réservez un peu d'eau de cuisson, et remettez-les dans la casserole. Incorporez la sauce au fromage et aux herbes. Si nécessaire, délayez avec un peu d'eau de cuisson. Servez dans des assiettes creuses et décorez d'herbes si vous le souhaitez.

---

20 MINUTES

Reginette aux herbes et au chèvre, chapelure à l'ail Avec un robot ou un mixeur, réduisez 50 g de ciabatta en chapelure. Dans un bol, mélangez cette chapelure avec 2 c. à s. d'huile d'olive et 1 gousse d'ail écrasée. Sous le gril préchauffé, faites dorer la préparation sur une plaque de cuisson 2 à 3 minutes, en remuant souvent. Suivez la recette ci-dessus et servez les pâtes avec la chapelure à l'ail.

---

30 MINUTES

Reginette chèvre-tomate-basilic Faites chauffer 2 c. à s. d'huile d'olive dans une casserole et faites blondir 3 gousses d'ail émincées. Ajoutez 800 g de tomates concassées en conserve et laissez mijoter 25 minutes, jusqu'à ce que la sauce soit très épaisse. Assaisonnez et incorporez 1 poignée de feuilles de basilic ciselées. Faites cuire les reginettes, selon les instructions de l'emballage, puis égouttez-les. Incorporez la sauce tomate. Servez les pâtes parsemées de 150 g de fromage de chèvre frais émietté.

10 MINUTES

Salade de fusillis au saumon fumé, sauce à l'aneth

Pour 4 personnes
350 g de fusillis frais
2 oignons de printemps émincés
¼ de concombre coupé en petits morceaux
150 g de saumon fumé coupé en lanières

Pour la sauce à l'aneth
75 g de crème fraîche
4 c. à s. de mayonnaise
1 poignée d'aneth ciselé
sel et poivre

- Faites cuire les pâtes al dente dans une grande casserole d'eau bouillante salée, selon les instructions de l'emballage. Égouttez-les, rincez-les sous l'eau froide, puis égouttez-les de nouveau.
- Pendant ce temps, préparez la sauce à l'aneth : dans un bol, mélangez la crème fraîche, la mayonnaise et l'aneth, puis assaisonnez.
- Dans un saladier de service, mélangez les fusillis avec les oignons de printemps, le concombre, le saumon fumé et la sauce à l'aneth.

20 MINUTES

Fusillis à l'aneth et au saumon poché Détaillez 1 bulbe de fenouil en tranches, que vous mettrez dans une casserole avec 1 filet de saumon de 400 g. Ajoutez 100 ml de vin blanc sec, quelques brins d'aneth et assez de bouillon de poisson pour couvrir le saumon et le fenouil. Portez à ébullition, puis laissez mijoter 10 à 12 minutes, jusqu'à ce que le poisson soit cuit à point et s'émiette facilement. Retirez le poisson et le fenouil à l'aide d'une écumoire. Morcelez le poisson en grosses miettes, en retirant la peau et les arêtes éventuelles, et gardez-le au chaud avec le fenouil. Faites bouillir l'eau de cuisson pour qu'elle réduise et qu'il n'en reste que 75 ml, puis incorporez 3 c. à s. de crème fraîche. Pendant ce temps, faites cuire les fusillis, puis égouttez-les. Incorporez la sauce, le fenouil et le saumon. Décorez avec un peu d'aneth ciselé et servez.

30 MINUTES

Frittata au saumon fumé et à l'aneth Faites cuire 300 g de spaghettis al dente, selon les instructions du paquet. Égouttez-les, rincez-les sous l'eau froide, puis égouttez-les de nouveau. Dans un saladier, mélangez-les avec 6 œufs, 150 g de saumon fumé coupé en lanières et 1 grosse poignée d'aneth ciselé. Faites chauffer une poêle, ajoutez 3 c. à s. d'huile d'olive et faites cuire la frittata 15 minutes à feu doux. Servez-la coupée en quatre, agrémentée de mascarpone et d'aneth ciselé.

20 MINUTES

Salade fraîche de risonis

Pour 4 personnes

200 g de risonis
5 c. à s. d'huile d'olive vierge extra
le jus de ¼ citron
2 oignons de printemps hachés
¼ de concombre coupé en petits dés
150 g de tomates coupées en dés
1 grosse poignée de persil plat ciselé
1 petite poignée de feuilles de menthe ciselées
sel et poivre

- Dans une grande casserole d'eau bouillante salée, faites cuire les pâtes selon les instructions de l'emballage. Égouttez-les, rincez-les sous l'eau froide, puis égouttez-les de nouveau.
- Dans un plat de service, mélangez-les avec l'huile d'olive et le jus de citron, puis assaisonnez. Incorporez le reste des ingrédients, puis servez.

---

10 MINUTES

Risonis aux herbes Faites cuire les risonis. Égouttez-les puis remettez-les dans la casserole. Ajoutez 25 g de beurre, des herbes aromatiques comme ci-dessus et un peu de jus de citron. Mélangez et servez aussitôt.

---

30 MINUTES

Salade de pâtes orientale aux herbes fraîches Préparez la salade de pâtes comme ci-dessus. Ajoutez 1 poignée d'olives noires dénoyautées et dressez-la sur un lit de salade romaine taillée en lanières. Coupez 2 pitas en deux dans l'épaisseur, de façon à obtenir 2 disques, puis coupez chaque disque en 4 triangles. Déposez-les sur une plaque de cuisson, arrosez-les d'huile d'olive et saupoudrez-les de paprika. Faites griller les pitas 5 à 10 minutes au four préchauffé à 190 °C. Laissez-les refroidir. Servez-les sur la salade.

10 MINUTES

Cocotte de rigatonis à la forestière

Pour 4 personnes

300 g de rigatonis frais
2 c. à s. d'huile d'olive
1 gousse d'ail émincée
½ piment rouge épépiné (facultatif) et haché
150 g d'un mélange de champignons (sauvages de préférence), parés (coupez les plus gros en deux)
le zeste de 1 citron râpé
1 poignée de persil plat ciselé
sel et poivre
parmesan râpé

- Dans une cocotte en fonte remplie d'eau bouillante salée, faites cuire les pâtes al dente selon les instructions de l'emballage.
- Pendant ce temps, faites chauffer l'huile d'olive dans une poêle et faites revenir l'ail, le piment et les champignons 2 à 3 minutes. Assaisonnez.
- Égouttez les pâtes et remettez-les dans la cocotte. Incorporez les champignons, ainsi que la majeure partie du zeste de citron et du persil (réservez-en un peu pour décorer).
- Mettez la cocotte pour 15 minutes au four préchauffé à 200 °C, jusqu'à ce que les pâtes soient dorées et bien cuites.
- Décorez de zeste de citron, de persil et de parmesan, puis servez.

---

20 MINUTES

Rigatonis aux champignons Déposez 4 gros champignons de Paris parés dans un plat allant au four. Parsemez de 25 g de beurre en petits dés, assaisonnez et ajoutez les feuilles de 1 brin de thym. Faites cuire 15 minutes au four préchauffé à 180 °C. Retirez les champignons et coupez-les en petits morceaux. Pendant ce temps, faites cuire 200 g de rigatonis al dente, en suivant les instructions du paquet. Égouttez-les, remettez-les dans la casserole, incorporez les champignons et ajoutez un peu de jus de citron. Servez.

30 MINUTES

Rigatonis à la sauce aux champignons et au bleu Faites chauffer une noix de beurre et 1 c. à s. d'huile d'olive dans une poêle, puis, à feu doux, faites blondir ½ oignon grossièrement émincé 20 minutes. Ajoutez 75 g d'un mélange de champignons sauvages parés (coupez les plus gros en deux), et poursuivez la cuisson 3 à 5 minutes, jusqu'à ce que les champignons soient tendres. Écrasez 60 g de gorgonzola dans un bol, puis incorporez-le à la poêle. Ajoutez 50 ml de crème fraîche épaisse et laissez la sauce sur le feu jusqu'à ce qu'elle soit bien chaude. Pendant ce temps, faites cuire 200 g de rigatonis al dente, selon les instructions du paquet. Égouttez-les, remettez-les dans la casserole, puis incorporez la sauce. Servez les rigatonis décorés de persil plat ciselé.

10 MINUTES

Orecchiette à la sauce crémeuse aux noix

Pour 4 personnes
300 g d'orecchiette fraîches
sel et poivre
quelques feuilles de basilic ciselées pour décorer

Pour la crème aux noix
150 g de noix
50 ml de crème fraîche épaisse
1 gousse d'ail écrasée
25 g de parmesan râpé + un peu pour décorer

- Dans une grande casserole d'eau bouillante salée, faites cuire les pâtes al dente selon les instructions de l'emballage.
- Pendant ce temps, préparez la crème aux noix. Dans une poêle, faites griller les noix à sec pendant 2 à 3 minutes, en secouant la poêle de temps en temps. Réservez quelques noix pour décorer. Mixez les autres au robot ou au mixeur, puis ajoutez la crème fraîche, l'ail et le parmesan, et mixez jusqu'à obtention d'une crème onctueuse.
- Égouttez les pâtes, réservez un peu d'eau de cuisson, puis remettez-les dans la casserole. Incorporez la crème aux noix et délayez avec un peu d'eau de cuisson si nécessaire. Assaisonnez.
- Servez dans des assiettes creuses. Décorez de noix, de basilic et de parmesan.

---

20 MINUTES

Orecchiette aux noix et à la roquette Mixez 75 g de ciabatta, puis laissez ramollir la moitié de la chapelure obtenue 5 à 10 minutes dans 50 ml de crème fraîche. Préparez la crème aux noix comme ci-dessus, puis ajoutez la préparation à la chapelure. Dans une poêle, faites griller le reste de la chapelure mélangée avec un peu d'huile d'olive. Pendant ce temps, faites cuire les orecchiette, puis égouttez-les. Incorporez la sauce aux noix et délayez avec de l'eau de cuisson si nécessaire. Assaisonnez, incorporez 1 poignée de roquette et décorez de chapelure.

30 MINUTES

Gratin d'orecchiette au poulet et aux noix Faites cuire 300 g d'orecchiette al dente, en suivant les instructions du paquet. Préparez la crème aux noix comme ci-dessus, puis délayez-la avec 5 c. à s. de bouillon de poulet de façon à obtenir une sauce fluide. Versez la sauce dans une grande casserole et laissez-la sur le feu jusqu'à ce qu'elle soit bien chaude. Détaillez 2 blancs de poulet grillés du commerce en lanières et incorporez-les à la sauce. Égouttez les pâtes, ajoutez-les à la sauce, puis ajoutez 2 oignons de printemps émincés, 1 pincée de paprika et un peu d'aneth ciselé. Versez le tout dans un grand plat à gratin. Couvrez uniformément de 50 g de chapelure, arrosez d'huile d'olive et laissez gratiner 5 à 10 minutes sous le gril préchauffé à puissance moyenne.

10 MINUTES

Tortellonis printaniers à la ricotta

Pour 4 personnes

250 g de tortellonis aux épinards et à la ricotta
75 g de fèves surgelées
75 g de petits pois surgelés
le zeste de 1 citron râpé
1 c. à s. d'huile d'olive vierge extra
50 g de ricotta
1 poignée de feuilles de menthe ciselées pour décorer
sel

- Dans une grande casserole d'eau bouillante salée, faites cuire les tortellonis selon les instructions de l'emballage. Ajoutez les fèves 3 à 4 minutes et les petits pois 2 à 3 minutes avant la fin de la cuisson. Égouttez les pâtes et les légumes, remettez le tout dans la casserole.
- Incorporez le zeste de citron et l'huile d'olive. Servez dans des assiettes creuses et décorez de morceaux de ricotta et de menthe ciselée.

---

20 MINUTES

Tortellonis à la pancetta et à la ricotta Faites chauffer un peu d'huile d'olive dans une poêle et faites blondir 2 oignons de printemps émincés. Ajoutez 100 g de pancetta coupée en dés et faites-la dorer 7 à 10 minutes à feu doux, puis versez un peu de vin blanc sec et poursuivez la cuisson jusqu'à évaporation. Pendant ce temps, faites cuire les tortellonis et égouttez-les. Mélangez-les avec la pancetta et servez-les garnis de morceaux de ricotta et de menthe ciselée, comme ci-dessus.

---

30 MINUTES

Gratin de tortellonis à tomate et à la ricotta Faites cuire 250 g de tortellonis 1 minute de moins que le temps de cuisson indiqué sur l'emballage. Égouttez-les bien et rangez-en la moitié sur le fond d'un plat à gratin. Ajoutez uniformément 75 ml de sauce tomate pour pâtes, puis 50 g de ricotta. Ajoutez ensuite le reste des tortellonis, puis de la sauce tomate. Recouvrez le tout de 75 g de ricotta en morceaux, de 50 g de mozzarella coupée en tranches et de 1 petite poignée de parmesan râpé. Faites gratiner 15 à 20 minutes au four préchauffé à 190 °C.

20 MINUTES

Tortiglionis aux tomates cerises et au lard fumé

Pour 4 personnes

1 c. à s. d'huile d'olive
4 tranches de lard fumé
250 g de tomates cerises en grappe
325 g de tortiglionis
50 g de roquette

Pour la mayonnaise au mascarpone

1 jaune d'œuf
125 g de mascarpone
50 ml d'huile d'olive vierge extra
15 g de parmesan râpé
sel et poivre

- Huilez un plat à fond strié allant au four, ajoutez le lard fumé et faites-le griller 5 à 7 minutes sous le gril préchauffé à puissance moyenne. Ajoutez les tomates cerises. Secouez le plat pour bien mélanger puis assaisonnez. Remettez 5 minutes sous le gril. Pendant ce temps, dans une casserole d'eau bouillante salée, faites cuire les pâtes al dente selon les instructions du paquet.
- Pour préparer la mayonnaise, mixez le jaune d'œuf et le mascarpone au robot. Ajoutez l'huile d'olive petit à petit, en continuant à mixer jusqu'à obtention d'une mayonnaise. Incorporez le parmesan et assaisonnez.
- Égouttez les pâtes, réservez un peu d'eau de cuisson, puis remettez-les dans la casserole. Incorporez un peu de mayonnaise au mascarpone puis la roquette. Délayez avec de l'eau de cuisson si nécessaire. Dressez dans des assiettes creuses, puis décorez de quelques cuillerées de mayonnaise, de lard fumé et de tomates.

10 MINUTES

Spaghettinis à la tomate, au jambon de Parme et à la roquette Dans une casserole d'eau bouillante salée, faites cuire 325 g de spaghettinis al dente, selon les instructions du paquet. Égouttez-les puis remettez-les dans la casserole. Incorporez 3 c. à s. de mascarpone mélangé avec 4 tomates séchées coupées menu, 4 tranches de jambon de Parme en lanières et 15 g de parmesan râpé. Servez parsemé de roquette.

30 MINUTES

Soufflés de pâtes à la tomate et au lard Faites griller le lard comme ci-dessus. Faites cuire al dente 250 g de spaghettis cuisson rapide, selon les instructions du paquet. Faites fondre 25 g de beurre dans une casserole, incorporez 25 g de farine et laissez cuire jusqu'à obtention d'une crème onctueuse et dorée. Avec un fouet, incorporez progressivement 300 ml de lait, puis laissez mijoter 5 minutes jusqu'à épaississement, en remuant. Hors du feu, ajoutez 25 g de parmesan râpé et 3 jaunes d'œufs. Montez en neige 3 blancs d'œufs dans un saladier propre. Égouttez les pâtes et coupez-les sur 2,5 cm de longueur. Taillez en lanières le lard, 2 tomates séchées à l'huile égouttées et 1 poignée de roquette, et mélangez le tout à la béchamel. Incorporez délicatement les blancs d'œufs, en 3 fois. Répartissez le tout dans 4 ramequins beurrés. Faites cuire les soufflés 20 minutes au four préchauffé à 200 °C.

20 MINUTES

Pasta puttanesca

Pour 4 personnes
3 c. à s. d'huile d'olive
2 gousses d'ail émincées
½ c. à c. de flocons de piment séché
8 filets d'anchois à l'huile, égouttés
800 g de tomates concassées en conserve
125 g d'olives noires
1 c. à s. de câpres rincées et égouttées
300 g de papardelles
sel et poivre
quelques feuilles de basilic ciselées pour décorer

- Faites chauffer l'huile d'olive dans une cocotte, ajoutez l'ail, les flocons de piment séché et les anchois, et laissez cuire le tout 2 à 3 minutes en remuant souvent, jusqu'à ce que les anchois commencent à se désagréger.
- Incorporez les tomates et faites cuire 15 minutes, à feu assez vif, jusqu'à épaississement. Ajoutez les olives et les câpres, puis assaisonnez.
- Pendant ce temps, dans une grande casserole d'eau bouillante salée, faites cuire les pâtes al dente en suivant les instructions de l'emballage. Égouttez-les et incorporez-les à la sauce.
- Dressez dans des assiettes creuses et décorez de basilic.

10 MINUTES

Papardelles à la sauce aux olives et aux câpres Faites cuire les papardelles, puis égouttez-les. Pendant ce temps, mélangez 1 gousse d'ail écrasée et 3 c. à s. d'huile d'olive vierge extra dans un saladier. Ajoutez 1 grosse tomate coupée en petits dés, 2 c. à c. de câpres rincées et égouttées, et 1 poignée d'olives noires dénoyautées. Égouttez les pâtes et remettez-les dans la casserole. Mélangez-les à la sauce, puis servez.

30 MINUTES

Papardelles au poulet, sauce aux câpres et aux olives Faites griller 4 blancs de poulet sous le gril du four préchauffé à puissance forte, 7 minutes de chaque côté. Faites cuire les papardelles et égouttez-les, puis incorporez 350 ml de sauce tomate pour pâtes. Faites chauffer 3 c. à s. d'huile d'olive dans une petite poêle et faites revenir 1 poignée d'olives noires dénoyautées pendant 1 à 2 minutes, jusqu'à ce qu'elles commencent à grésiller. Ajoutez 1 c. à s. de câpres rincées et égouttées, et prolongez la cuisson de 30 secondes. Ajoutez 2 c. à s. de persil plat ciselé et un peu de jus de citron. Dressez les pâtes et le poulet tranché dans des assiettes creuses. Arrosez de sauce chaude, puis servez.

30 MINUTES

Frittata au poulet et aux artichauts

Pour 4 personnes

325 g de spaghettis
6 œufs
100 g de crème fraîche
2 blancs de poulet grillés
25 g de parmesan râpé
175 g de cœurs d'artichauts à l'huile ou en saumure, égouttés et coupés en quatre
2 oignons de printemps émincés
1 poignée de feuilles de basilic ciselées
1 petite poignée de feuilles de menthe ciselées
2 c. à s. d'huile d'olive
sel et poivre

- Dans une casserole d'eau bouillante salée, faites cuire les pâtes al dente selon les instructions de l'emballage.
- Pendant ce temps, fouettez les œufs et la crème fraîche dans un saladier, puis assaisonnez. Incorporez le poulet déchiqueté en grosses miettes, le parmesan, les artichauts, les oignons de printemps, le basilic et la menthe.
- Égouttez les pâtes, rincez-les sous l'eau froide, puis égouttez-les de nouveau. Mélangez les pâtes avec la préparation à base d'œufs, puis assaisonnez.
- Faites chauffer une grande poêle à feu moyen, ajoutez l'huile d'olive et versez la préparation, en lissant la surface avec une cuillère. Faites cuire la frittata 20 minutes à feu moyen, jusqu'à ce qu'elle soit juste prise. Coupez-la en 4 parts puis servez.

10 MINUTES

Spaghettis au poulet et aux artichauts Faites cuire les spaghettis. Égouttez-les en réservant un peu d'eau de cuisson, puis remettez-les dans la casserole. Incorporez le poulet en grosses miettes et les artichauts coupés en quatre, comme ci-dessus, ainsi que 1 c. à s. de mascarpone et 1 poignée de parmesan râpé, en délayant avec de l'eau de cuisson si nécessaire. Servez.

20 MINUTES

Salade de pâtes au poulet et aux artichauts Faites griller 2 blancs de poulet sous le gril préchauffé à puissance forte, pendant 7 minutes de chaque côté. Pendant ce temps, faites cuire 300 g de fusillis al dente, en suivant les instructions du paquet. Égouttez-les, rincez-les sous l'eau froide, puis égouttez-les de nouveau. Mélangez les pâtes, le jus de ½ citron et 3 c. à s. d'huile d'olive vierge extra dans un saladier de service. Incorporez le poulet déchiqueté en grosses miettes, les cœurs d'artichauts préparés comme ci-dessus et 1 poignée de feuilles de menthe ciselées.

30 MINUTES

Salade de pâtes à l'italienne

Pour 4 personnes

4 c. à s. d'huile d'olive vierge extra
1 gousse d'ail hachée
1 piment rouge épépiné et haché
4 poivrons rouges évidés et coupés en petits morceaux
325 g de giglis
1 c. à s. de vinaigre balsamique blanc
75 g de roquette
1 poignée de copeaux de parmesan
sel et poivre

- Faites chauffer 2 cuillerées à soupe d'huile d'olive dans une poêle, puis faites revenir l'ail et le piment 30 secondes. Ajoutez les poivrons et faites cuire 20 à 25 minutes, à feu doux, jusqu'à ce qu'ils soient ramollis. Laissez-les refroidir quelques instants.
- Pendant ce temps, dans une grande casserole d'eau bouillante salée, faites cuire les pâtes al dente en suivant les instructions de l'emballage. Égouttez-les, rincez-les sous l'eau froide, puis égouttez-les de nouveau.
- Dans un saladier de service, mélangez les pâtes avec le reste de l'huile, le vinaigre balsamique, la roquette, ainsi que les poivrons rouges et leur jus de cuisson. Assaisonnez et agrémentez de parmesan.

10 MINUTES

Pâtes express à la sauce au poivron rouge Faites cuire les giglis. Pendant ce temps, mixez 2 poivrons rouges grillés du commerce, 1 gousse d'ail écrasée et 125 g de ricotta jusqu'à obtention d'une sauce crémeuse. Égouttez les giglis en réservant un peu d'eau de cuisson. Mélangez-les avec la sauce au poivron rouge et 1 poignée de feuilles de basilic ciselées, en délayant avec de l'eau de cuisson si nécessaire. Servez aussitôt.

20 MINUTES

Pâtes pimentées au poivron rouge Coupez en fines lanières 4 poivrons rouges parés et épépinés. Faites chauffer un peu d'huile d'olive dans une poêle, ajoutez les poivrons et faites-les cuire 15 minutes à feu doux. Pendant ce temps, faites cuire les giglis selon les instructions de l'emballage et égouttez-les. Mixez grossièrement 3 tomates évidées, 1 oignon de printemps haché et 1 piment rouge épépiné. Égouttez les pâtes et remettez-les dans la casserole. Incorporez la sauce tomate, 3 c. à s. d'huile d'olive et les poivrons. Servez immédiatement.

30 MINUTES

Fusillis sauce amatriciana à la pancetta

Pour 4 personnes

2 c. à s. d'huile d'olive
1 piment rouge épépiné (facultatif) et haché
250 g de tranches de pancetta coupées en lanières
1 oignon finement haché
1 brin de romarin effeuillé et ciselé
100 ml de vin rouge fruité
400 g de tomates concassées en conserve
200 ml d'eau
400 g de fusillis
sel et poivre
parmesan râpé

- Versez l'huile d'olive dans une poêle bien chaude et faites-y griller le piment et la pancetta. Ajoutez l'oignon et le romarin, et laissez dorer le tout 3 à 5 minutes de plus.
- Versez le vin et laissez bouillonner jusqu'à réduction de moitié, puis ajoutez les tomates et l'eau, et laissez mijoter au moins 20 minutes, jusqu'à épaississement. Assaisonnez.
- Pendant ce temps, dans une grande casserole d'eau bouillante salée, faites cuire les pâtes al dente en suivant les instructions du paquet. Égouttez-les et remettez-les dans la casserole, puis incorporez la sauce.
- Servez les fusillis dans des assiettes creuses, saupoudrés de parmesan.

---

10 MINUTES

Fusillis au jambon de Parme et aux tomates cerises Faites cuire les fusillis et égouttez-les. Incorporez 150 g de tomates cerises coupées en deux, un peu de jus de citron, 2 c. à s. de crème fraîche et 100 g de jambon de Parme coupé en fines lanières. Servez immédiatement.

---

20 MINUTES

Fusillis au lard fumé et aux tomates séchées Faites fondre un peu de beurre dans une poêle et faites revenir 1 poireau émincé 5 minutes, jusqu'à ce qu'il commence à ramollir. Incorporez 4 tranches de lard fumé coupées en petites lanières et 2 oignons de printemps émincés, et poursuivez la cuisson 5 minutes. Versez 25 ml de vin blanc sec et faites cuire 3 minutes de plus, jusqu'à réduction. Incorporez 4 c. à s. de crème fraîche et 3 tomates séchées à l'huile égouttées et coupées en petits morceaux. Pendant ce temps, faites cuire les fusillis et égouttez-les, puis incorporez la sauce. Servez aussitôt.

10 MINUTES

Spaghettinis et beurre tomate-basilic

Pour 4 personnes

75 g de beurre ramolli
5 tomates séchées à l'huile, égouttées et coupées en petits morceaux
1 poignée de feuilles de basilic ciselées
le zeste de 1 citron râpé
325 g de spaghettinis
sel

- Mélangez le beurre, les tomates séchées, le basilic et le zeste de citron dans un saladier, puis assaisonnez. Déposez la préparation sur un grand morceau de film alimentaire et enroulez le tout afin de former un cylindre. Laissez durcir le rouleau de beurre 5 minutes au congélateur. (Vous pouvez aussi préparer le beurre à l'avance et le conserver au réfrigérateur ou au congélateur jusqu'au moment de l'utiliser.)
- Pendant ce temps, dans une grande casserole d'eau bouillante salée, faites cuire les pâtes al dente en suivant les instructions du paquet. Égouttez-les bien et dressez-les dans des assiettes creuses.
- Débiter le rouleau de beurre en rondelles, déposez-en sur les pâtes et servez immédiatement.

20 MINUTES

Spaghettinis à la sauce au beurre Dans une poêle chaude beurrée, faites blondir 2 à 3 minutes 1 échalote hachée. Versez 150 ml de vin blanc sec et prolongez la cuisson de 10 minutes, jusqu'à réduction. Coupez 25 g de beurre froid en dés et, avec un fouet, incorporez les dés de beurre un à un dans la sauce. Pendant ce temps, faites cuire les spaghettinis et égouttez-les. Incorporez 1 poignée de basilic ciselé et 1 poignée de tomates séchées à l'huile coupées en petits morceaux. Servez les spaghettinis arrosés de sauce au beurre.

30 MINUTES

Spaghettinis aux tomates caramélisées et au basilic Coupez 20 petites tomates en deux et rangez-les sur une plaque de cuisson. Arrosez avec 3 c. à s. d'huile d'olive et 1 c. à s. de vinaigre balsamique, puis saupoudrez de 1 c. à c. de sucre. Faites cuire les tomates 25 à 30 minutes au four préchauffé à 160 °C jusqu'à ce qu'elles soient tendres et caramélisées. Pendant ce temps, faites cuire les spaghettinis et égouttez-les. Incorporez les tomates, un peu de vinaigre balsamique, une noix de beurre et 1 poignée de feuilles de basilic. Servez les spaghettinis parsemés de 125 g de fromage de chèvre frais émietté.

20 MINUTES

Casarecce au thon et à la gremolata

Pour 4 personnes
75 ml de crème fraîche
400 g de haricots cannellini en conserve, rincés et égouttés
225 g de thon à l'huile en conserve, égoutté
325 g casarecce
sel et poivre

Pour la gremolata
1 gousse d'ail
le zeste de 1 citron râpé
1 poignée de persil plat ciselé

- Mélangez la crème et les haricots dans une casserole et faites chauffer 15 minutes, jusqu'à ce que les haricots soient très tendres (ajoutez un peu d'eau si nécessaire). Incorporez le thon.
- Pendant ce temps, dans une grande casserole d'eau bouillante salée, faites cuire les casarecce al dente, en suivant les instructions du paquet.
- Pour préparer la gremolata, hachez finement l'ail, le zeste de citron et le persil sur une planche (le mélange ne doit pas être pâteux).
- Égouttez les pâtes et réservez un peu d'eau de cuisson. Mélangez les pâtes et la sauce au thon, en mouillant avec un peu d'eau de cuisson si nécessaire.
- Dressez dans des assiettes creuses et saupoudrez de gremolata.

---

10 MINUTES

Penne au thon et aux cannellini Faites cuire 400 g de penne frais al dente, selon les instructions du paquet. Deux minutes avant la fin de la cuisson, ajoutez 400 g de cannellini en conserve, rincés et égouttés. Égouttez, puis remettez le tout dans la casserole. Incorporez 2 c. à s. de crème fraîche, le zeste râpé de 1 citron, le thon comme ci-dessus et 1 poignée de persil ciselé. Servez.

30 MINUTES

Casarecce à la crème de cannellini et steaks de thon Faites chauffer un peu d'huile d'olive dans une casserole, puis faites blondir 1 oignon émincé et 1 gousse d'ail hachée. Ajoutez les cannellini et la crème comme ci-dessus, ainsi que 1 lanière de zeste d'orange et 1 lanière de zeste de citron, puis laissez mijoter 15 minutes. Retirez les zestes et assaisonnez. Faites cuire les casarecce et égouttez-les, puis incorporez-les aux haricots. Frottez 4 steaks de thon avec un peu de poivre noir et badigeonnez-les d'un peu d'huile d'olive. Faites cuire les steaks de thon dans une poêle à fond strié très chaude 3 à 5 minutes de chaque côté (ils doivent rester rosés à l'intérieur). Dressez les pâtes dans des assiettes creuses, déposez 1 steak sur chaque portion et décorez de persil plat ciselé.

Au quotidien

Recettes par temps de préparation

30 MINUTES

20 MINUTES

10 MINUTES

10 MINUTES

Cavatappis aux petits pois et aux asperges, crème de citron

Pour 4 personnes
500 g de cavatappis frais
100 g de petits pois surgelés
150 g de pointes d'asperges
le zeste râpé et le jus de 1 citron
125 g de mascarpone
2 c. à s. d'huile d'olive vierge extra
sel et poivre
quelques feuilles de basilic ciselées pour décorer

- Dans une grande casserole d'eau bouillante salée, faites cuire les pâtes al dente selon les instructions du paquet, en ajoutant les petits pois et les asperges 3 minutes avant la fin de la cuisson.
- Pendant ce temps, mélangez la majeure partie du zeste de citron et le mascarpone dans un saladier.
- Égouttez les pâtes et les légumes, en réservant un peu d'eau de cuisson. Mettez les asperges de côté, gardez-les au chaud, puis remettez les pâtes et les petits pois dans la casserole. Incorporez le jus de citron, l'huile d'olive et un peu d'eau de cuisson.
- Assaisonnez puis dressez dans des assiettes creuses. Saupoudrez chaque portion de basilic et de zeste de citron, puis garnissez d'asperges et de 1 grosse cuillerée de mascarpone au citron.

---

20 MINUTES

Spiralis aux petits pois et aux asperges, sauce citron Faites cuire 400 g de spiralis al dente, selon les instructions du paquet, en ajoutant les légumes comme ci-dessus. Pendant ce temps, faites fondre 25 g de beurre dans une casserole et incorporez 3 c. à s. de farine. Avec un fouet, incorporez progressivement 100 ml de lait et 100 ml de crème fraîche épaisse. Laissez mijoter 5 minutes jusqu'à épaississement, puis ajoutez le zeste râpé de 1 citron et 1 poignée de basilic ciselé. Mélangez les pâtes et les légumes avec la sauce. Servez aussitôt.

30 MINUTES

Papillotes de spiralis citronnées aux asperges et aux petits pois Faites cuire 400 g de spiralis 2 minutes de moins que le temps indiqué sur le paquet, en ajoutant les légumes comme ci-dessus, puis égouttez-les. Découpez 4 gros morceaux de papier de cuisson et répartissez dessus les spiralis et les légumes. Arrosez les papillotes du jus de 1 citron et de 50 ml de bouillon de poulet chaud. Repliez le papier de cuisson pour fermer les papillotes, puis déposez-les sur une plaque de cuisson. Faites cuire les papillotes 10 minutes au four préchauffé à 180 °C. Ouvrez les papillotes, déposez 1 c. à s. de mascarpone et 1 tranche de taleggio au centre de chacune, puis servez.

20 MINUTES

Tagliatelles au piment et aux câpres

Pour 4 personnes

3 tranches de ciabatta
75 ml d'huile d'olive
4 gousses d'ail
1 piment rouge épépiné (facultatif) et émincé
2 c. à s. de câpres rincées et égouttées
400 g de tagliatelles
le zeste râpé et le jus de 1 citron
sel et poivre

- Avec un robot ou un mixeur, réduisez la ciabatta en une chapelure grossière. Versez l'huile d'olive dans une petite poêle, ajoutez les gousses d'ail et faites-les dorer 10 minutes à feu doux, puis retirez-les à l'aide d'une écumoire et jetez-les. Mettez la chapelure dans la poêle et faites-la griller quelques minutes. Retirez la chapelure à l'aide de l'écumoire et réservez-la. Mettez le piment et les câpres dans la poêle, et faites-les dorer 2 minutes.
- Pendant ce temps, dans une grande casserole d'eau bouillante salée, faites cuire les tagliatelles al dente en suivant les instructions du paquet. Égouttez-les, réservez un peu d'eau de cuisson, puis remettez-les dans la casserole. Incorporez l'huile parfumée, le zeste et le jus de citron, et un peu d'eau de cuisson si nécessaire. Assaisonnez.
- Dressez dans des assiettes creuses et saupoudrez de chapelure.

---

10 MINUTES

Tagliatelles pimentées aux tomates et aux câpres Faites cuire les tagliatelles et égouttez-les. Mélangez-les avec le piment et les câpres comme ci-dessus, ainsi que 3 tomates séchées à l'huile, égouttées et coupées menu, et 100 g de tomates cerises coupées en deux. Ajoutez un peu de jus de citron et décorez de roquette. Servez aussitôt.

30 MINUTES

Papillotes de tagliatelles au piment et aux câpres Faites cuire les tagliatelles 2 minutes de moins que le temps indiqué sur le paquet. Égouttez-les et répartissez-les sur 4 grands carrés de papier d'aluminium. Mélangez un peu de jus de citron, 1 gousse d'ail écrasée, ainsi que le piment et les câpres dorés dans de l'huile d'olive, comme ci-dessus, et arrosez les pâtes de cette sauce. Fermez des papillotes. Déposez-les sur une plaque de cuisson et faites-les cuire 10 minutes au four préchauffé à 180 °C. Préparez la chapelure comme ci-dessus, mélangez-la avec un peu d'huile d'olive et faites-la griller dans une poêle. Ouvrez les papillotes avec un couteau. Décorez-les avec 1 poignée de basilic ciselé, puis un peu de crème fraîche et de chapelure. Servez.

10 MINUTES

Spaghettis au pesto de cresson et au bleu

Pour 2 personnes
200 g de spaghettis complets
50 g de bleu coupé en tranches épaisses

Pesto de cresson
50 g de noix
75 g de cresson + quelques feuilles pour décorer
1 c. à s. de crème fraîche
sel et poivre

- Dans une grande casserole d'eau bouillante salée, faites cuire les spaghettis al dente selon les instructions de l'emballage.
- Pendant ce temps, préparez le pesto de cresson. Dans une petite poêle, faites dorer à feu moyen les noix 3 minutes à sec, en secouant la poêle de temps en temps. Laissez-les refroidir 1 ou 2 minutes. Mixez les noix, le cresson et la crème fraîche jusqu'à obtention d'un pesto. Assaisonnez.
- Égouttez les pâtes et dressez-les dans des assiettes creuses. Garnissez-les de tranches de fromage, de 1 grosse cuillerée de pesto et de feuilles de cresson.

---

20 MINUTES

Spaghettis au poireau et au bleu Mélangez 1 poignée de petites échalotes et 150 g de jeunes poireaux, parés et nettoyés, avec un peu d'huile d'olive. Sur une plaque de cuisson, faites-les rôtir 20 minutes au four préchauffé à 200 °C. Pendant ce temps, faites cuire les spaghettis et égouttez-les. Incorporez les échalotes et les poireaux, 150 g de bleu coupé en dés et 2 c. à s. de crème fraîche. Servez les pâtes décorées de 1 poignée de cresson.

30 MINUTES

Gnocchis au bleu et au pesto de cresson Préparez le pesto de cresson comme ci-dessus. Faites cuire 250 g de gnocchis frais selon les instructions de l'emballage. Égouttez-les et remettez-les dans la casserole. Incorporez le pesto de cresson, 2 c. à s. de crème fraîche, 3 c. à s. de lait et 50 g de bleu coupé en dés. Préparez de la chapelure en mixant 1 tranche de pain blanc et 1 poignée de noix. Versez les gnocchis dans un plat à gratin, saupoudrez-les de chapelure et faites-les gratiner 10 minutes sous le gril préchauffé à puissance moyenne.

20 MINUTES

Fusillis lunghis tomate-aubergine-mozzarella

Pour 4 personnes
4 c. à s. d'huile d'olive
1 aubergine coupée en rondelles épaisses
300 ml de sauce tomate pour pâtes
½ c. à c. de flocons de piment séché
400 g de fusillis lunghis
25 g de parmesan râpé
125 g de mozzarella coupée en dés
sel et poivre
feuilles de basilic pour décorer

- Faites chauffer la moitié de l'huile d'olive dans une poêle et faites revenir la moitié des rondelles d'aubergine 5 à 7 minutes. Assaisonnez-les, puis déposez-les sur une assiette. Répétez l'opération avec le reste de l'huile et de l'aubergine.
- Dans une casserole, laissez mijoter quelques minutes les aubergines mélangées à la sauce tomate et au piment.
- Pendant ce temps, dans une casserole d'eau bouillante salée, faites cuire les fusillis lunghis al dente selon les instructions du paquet. Égouttez-les, réservez un peu d'eau de cuisson, puis remettez-les dans la casserole. Incorporez la sauce aux aubergines et délayez avec de l'eau de cuisson si nécessaire.
- Incorporez le parmesan, assaisonnez, puis servez dans des assiettes creuses. Décorez de mozzarella et de basilic.

10 MINUTES

Fusillis aubergine-mozzarella Coupez 200 g d'aubergine en tranches épaisses, badigeonnez-les d'huile d'olive et assaisonnez-les. Faites-les cuire sous le gril préchauffé à puissance élevée 3 à 5 minutes de chaque côté. Pendant ce temps, faites cuire 400 g de fusillis al dente, selon les instructions du paquet. Égouttez-les, réservez un peu d'eau de cuisson, puis remettez-les dans la casserole. Incorporez l'aubergine, 5 c. à s. de pesto, 125 g de mozzarella en dés et de l'eau de cuisson si nécessaire. Décorez de 25 g de pignons de pin grillés.

30 MINUTES

Fusillis lunghis aubergine-mozzarella Piquez 2 aubergines avec une fourchette, déposez-les sur une plaque de cuisson et faites-les rôtir 20 minutes au four préchauffé à 220 °C. Laissez-les refroidir 5 minutes, puis pelez-les. Dans un bol, écrasez 1 gousse d'ail avec 3 c. à s. de crème fraîche. Avec un robot ménager ou un mixeur, mixez la chair de l'aubergine, un peu de jus de citron et 1 poignée de feuilles de coriandre. Pendant ce temps, faites cuire les fusillis lunghis selon les instructions de l'emballage et égouttez-les. Incorporez la sauce aux aubergines. Servez les pâtes décorées de mozzarella, comme ci-dessus.

20 MINUTES

Trofie aux pommes de terre et aux haricots verts

Pour 4 personnes
300 g de trofie
6 petites pommes de terre nouvelles brossées et coupées en deux
125 g de haricots verts parés

Pesto
75 g de feuilles de basilic
25 g de pignons de pin grillés + un peu pour décorer
1 gousse d'ail écrasée
100 ml d'huile d'olive vierge extra
3 c. à s. de parmesan râpé + un peu pour servir
sel et poivre

- Dans une grande casserole d'eau bouillante salée, faites cuire les trofie al dente selon les instructions de l'emballage.
- Pendant ce temps, dans une autre casserole d'eau bouillante salée, faites cuire les pommes de terre pendant 7 minutes. Ajoutez les haricots et poursuivez la cuisson 5 minutes.
- Pour préparer le pesto, pilez tous les ingrédients dans un mortier jusqu'à obtention d'une pâte granuleuse, puis assaisonnez. Vous pouvez aussi mixer les ingrédients au robot ou au mixeur.
- Égouttez les pâtes et les légumes, puis remettez-les dans une des casseroles. Mélangez-les avec le pesto et assaisonnez.
- Servez dans des assiettes creuses. Décorez de parmesan et de pignons de pin grillés.

10 MINUTES

Trofie aux fèves, aux haricots et aux petits pois Faites cuire 500 g de trofie fraîches al dente, selon les instructions du paquet. Pendant ce temps, faites cuire 75 g de fèves surgelées, 75 g de petits pois surgelés et 125 g de haricots verts parés dans une autre casserole d'eau bouillante salée pendant 3 à 4 minutes. Égouttez les pâtes et les légumes, puis remettez-les dans une des casseroles. Incorporez 4 c. à s. de pesto rouge, puis servez.

30 MINUTES

Trofie aux petits légumes et au poulet rôti Mettez des pommes de terre nouvelles dans un plat à rôtir et badigeonnez-les d'un peu d'huile d'olive. Faites-les cuire 5 minutes au four préchauffé à 200 °C. Ajoutez 4 blancs de poulet et poursuivez la cuisson 20 minutes, jusqu'à ce que les pommes de terre et le poulet soient dorés et cuits à point. Pendant ce temps, faites cuire les trofie, en ajoutant les haricots verts 5 minutes avant la fin de la cuisson. Préparez le pesto comme ci-dessus et mélangez-le dans un bol avec 50 g de fromage de chèvre frais. Égouttez les pâtes et les haricots verts, et remettez-les dans la casserole. Incorporez le pesto et les pommes de terre. Servez les pâtes accompagnées de poulet.

20 MINUTES

Gratin de penne aux asperges, au poulet rôti et au lard

Pour 4 personnes

2 c. à c. d'huile d'olive
2 blancs de poulet
4 tranches de lard maigre
325 g de penne
150 g de pointes d'asperges, parées et coupées en petits tronçons
150 g de crème fraîche
100 ml de lait
25 g de parmesan râpé
sel et poivre

- Badigeonnez les blancs de poulet d'huile d'olive et assaisonnez-les, puis faites-les rôtir 7 minutes de chaque côté sous le gril préchauffé à puissance élevée, en ajoutant le lard au milieu de la cuisson. Lorsque les ingrédients ont un peu refroidi, coupez-les en grosses lamelles.
- Pendant ce temps, dans une casserole d'eau bouillante salée, faites cuire les penne al dente selon les instructions du paquet, en ajoutant les asperges 3 minutes avant la fin de la cuisson. Égouttez et remettez le tout dans la casserole.
- Mélangez la crème fraîche et le lait dans un bol, puis incorporez ce mélange aux pâtes. Ajoutez le poulet et le lard. Assaisonnez.
- Mettez le tout dans un plat à gratin et saupoudrez de parmesan. Faites gratiner 5 minutes sous le gril préchauffé à puissance élevée.

---

10 MINUTES

Penne aux asperges, au poulet et au jambon Faites cuire les penne. Arrosez 150 g de pointes d'asperges parées d'huile d'olive et de vinaigre balsamique. Assaisonnez-les et faites-les griller 5 minutes dans une poêle-gril chaude, en les retournant souvent. Coupez-les en tronçons. Égouttez les penne en réservant de l'eau de cuisson. Mélangez les penne, les asperges, 1 blanc de poulet grillé coupé en lanières et 3 c. à s. de crème fraîche. Servez avec 1 tranche de jambon de Parme.

30 MINUTES

Penne crémeux aux asperges et au poulet poché Mettez 2 blancs de poulet dans une casserole, couvrez-les de bouillon de poulet et ajoutez du jus de citron. Laissez-les cuire 12 à 15 minutes à feu très doux, jusqu'à ce qu'ils soient cuits à point. Retirez-les de la casserole, coupez-les en lanières et gardez-les au chaud. Faites bouillir le liquide de cuisson 5 à 10 minutes, jusqu'à réduction, puis ajoutez 3 c. à s. de crème fraîche et quelques feuilles d'estragon ciselées. Pendant ce temps, faites cuire et égouttez les asperges et les penne comme ci-dessus. Incorporez la sauce et le poulet. Servez aussitôt.

20 MINUTES

Spaghettis citronnés à la roquette et à la crème d'anchois

Pour 4 personnes
75 g de ciabatta
1 c. à s. d'huile d'olive
1 gousse d'ail écrasée
400 g de spaghettis
50 g de roquette
sel et poivre

Crème d'anchois
8 filets d'anchois à l'huile, égouttés
3 c. à s. de mascarpone
le jus de ½ citron
1 œuf légèrement battu
25 g de parmesan râpé

- Avez un robot ou un mixeur, réduisez la ciabatta en une chapelure grossière. Faites chauffer l'huile d'olive dans une petite poêle, ajoutez l'ail, retournez-le bien dans l'huile, puis ajoutez la chapelure. Faites griller 5 à 7 minutes, puis retirez de la poêle et réservez.
- Pour préparer la crème d'anchois, écrasez les anchois sur une planche avec le plat d'un grand couteau, de manière à former une pâte. Dans un bol, mélangez cette pâte avec le mascarpone, puis incorporez le jus de citron, l'œuf et le parmesan.
- Dans une grande casserole d'eau bouillante salée, faites cuire les spaghettis al dente selon les instructions de l'emballage. Égouttez-les, réservez un peu d'eau de cuisson, puis remettez-les dans la casserole. Ajoutez la crème d'anchois et mélangez bien, en délayant avec de l'eau de cuisson si nécessaire. Assaisonnez, puis incorporez la roquette.
- Dressez dans des assiettes creuses et saupoudrez de chapelure.

10 MINUTES

Spaghettis au beurre d'anchois Faites cuire les spaghettis et égouttez-les. Pendant ce temps, mixez 8 filets d'anchois à l'huile égouttés, 50 g de beurre ramolli, le zeste râpé de 1 citron et 75 g de roquette au robot ou au mixeur. Incorporez le beurre d'anchois aux pâtes et servez immédiatement.

30 MINUTES

Spaghettis à l'oignon caramélisé et à la crème d'anchois Faites chauffer un peu de beurre et d'huile d'olive dans une poêle et faites caraméliser 1 oignon émincé 20 à 25 minutes, à feu très doux. Pendant ce temps, faites chauffer un peu d'huile d'olive dans une casserole et faites blondir 1 gousse d'ail émincée, à feu doux. Ajoutez 150 g de chou noir de Toscane, poursuivez la cuisson 1 à 2 minutes, puis versez 100 ml de bouillon de poulet chaud et faites cuire le tout 5 à 7 minutes de plus. Préparez la crème d'anchois comme ci-dessus et faites cuire les spaghettis. Mélangez l'oignon, la crème d'anchois, le chou et le jus de cuisson avec les spaghettis. Servez aussitôt.

10 MINUTES

Fiorellis au chorizo et au poivron rouge

Pour 2 personnes

200 g de fiorellis
1 c. à s. d'huile d'olive
+ un peu pour assaisonner
75 g de chorizo en fines tranches
1 poivron rouge paré,
coupé en morceaux
1 gousse d'ail écrasée
1 c. à s. de concentré de tomate
75 ml de vin blanc sec
1 c. à c. de sucre
sel et poivre
persil plat ciselé pour décorer

- Dans une grande casserole d'eau bouillante salée, faites cuire les fiorellis al dente selon les instructions de l'emballage.
- Pendant ce temps, faites chauffer l'huile d'olive dans une grande poêle et faites griller le chorizo quelques secondes. Retirez-le à l'aide d'une écumoire et réservez-le.
- Faites griller le poivron rouge quelques minutes dans la même poêle. Ajoutez l'ail et le concentré de tomate, et poursuivez la cuisson 30 secondes. Versez le vin blanc, ajoutez le sucre et mélangez bien le tout. Portez à ébullition et laissez cuire 5 minutes, pour que le liquide réduise, puis assaisonnez.
- Égouttez les pâtes et remettez-les dans la casserole. Ajoutez un peu d'huile d'olive, puis le chorizo et la sauce. Dressez dans des assiettes creuses et décorez de persil.

---

20 MINUTES

Paella de risonis au poivron rouge Faites griller 1 blanc de poulet sous le gril préchauffé à puissance forte 7 minutes de chaque côté, jusqu'à ce qu'il soit cuit à point. Pendant ce temps, faites chauffer l'huile d'olive dans une grande casserole et faites revenir 100 g de chorizo coupé en petits dés et 1 poivron rouge préparé comme ci-dessus, puis ajoutez le vin, 1 pincée de pistils de safran et 500 g de palourdes nettoyées. Faites cuire 5 minutes à couvert, en remuant de temps en temps, jusqu'à ce que les palourdes s'ouvrent. Jetez celles qui sont restées fermées. Faites cuire 200 g de risonis selon les instructions du paquet. Égouttez-les, puis incorporez la sauce et le poulet.

---

30 MINUTES

Fiorellis à la sauce au poivron rouge Mettez 1 poivron rouge coupé en morceaux et 3 tomates coupées en deux dans un plat, arrosez d'un peu d'huile d'olive et de vin blanc, et faites cuire 20 à 25 minutes au four préchauffé à 190 °C. Faites cuire les fiorellis. Saupoudrez les légumes avec 1 c. à c. de paprika fumé, puis incorporez-les aux pâtes. Servez les fiorellis avec des cuillerées de crème fraîche.

20 MINUTES

Linguine marinières à la sauce tomate

Pour 2 personnes
3 c. à s. d'huile d'olive
2 gousses d'ail émincées
1 piment rouge épépiné (facultatif) et haché
75 ml de vin blanc sec
250 g de tomates évidées et coupées en dés
500 g de moules débarrassées de leur barbe et nettoyées
200 g de linguine
1 poignée de persil plat ciselé
sel et poivre

- Faites chauffer l'huile d'olive dans une marmite et faites revenir l'ail et le piment quelques secondes, jusqu'à ce qu'ils commencent à dorer. Versez le vin et poursuivez la cuisson quelques minutes, jusqu'à réduction de moitié. Incorporez les tomates et laissez cuire 5 minutes de plus, en ajoutant un peu d'eau si nécessaire.
- Ajoutez les moules, couvrez et laissez cuire 5 minutes, en secouant la marmite de temps en temps, jusqu'à ce que les moules s'ouvrent. Jetez celles qui sont restées fermées.
- Pendant ce temps, dans une casserole d'eau bouillante salée, faites cuire les linguine al dente selon les instructions du paquet. Égouttez-les, incorporez la sauce aux moules et assaisonnez. Saupoudrez de persil et servez immédiatement.

10 MINUTES

Linguine marinières express Faites cuire les linguine al dente selon les instructions de l'emballage. Pendant ce temps, faites chauffer 2 c. à s. d'huile d'olive dans une poêle et faites cuire 6 grosses noix de Saint-Jacques 2 minutes de chaque côté. Égouttez les pâtes et remettez-les dans la casserole. Incorporez les noix de Saint-Jacques, du jus de citron, 2 tomates évidées coupées en dés et 1 pincée de flocons de piment séché. Servez aussitôt.

30 MINUTES

Linguine marinières aux épices cajun Faites chauffer un peu d'huile d'olive dans une sauteuse et faites dorer 150 g de saucisse fumée coupée en rondelles. Ajoutez 1 oignon haché et poursuivez la cuisson jusqu'à ce qu'il soit tendre. Incorporez 2 gousses d'ail écrasées et 1 c. à c. d'épices cajun, puis 400 g de tomates concassées en conserve, et laissez mijoter le tout 20 minutes. Ajoutez les moules comme ci-dessus, puis suivez la recette.

20 MINUTES

Spaghettis au poulet grillé et salsa verde

Pour 4 personnes
1 c. à s. d'huile d'olive
2 blancs de poulet
400 g de spaghettis
sel et poivre

Salsa verde
1 grosse poignée de persil plat ciselé
1 petite poignée de basilic ciselé
1 gousse d'ail écrasée
5 c. à s. d'huile d'olive vierge extra
le zeste râpé de 1 citron + un peu de jus de citron
1 à 2 c. à s. de câpres rincées et égouttées

- Badigeonnez d'huile d'olive les blancs de poulet, puis assaisonnez-les. Faites-les griller sous le gril préchauffé à puissance élevée pendant 7 minutes de chaque côté.
- Pendant ce temps, dans une casserole d'eau bouillante salée, faites cuire les spaghettis al dente selon les instructions du paquet.
- Pour préparer la salsa verde, mixez les fines herbes, l'ail, l'huile d'olive, le zeste et le jus de citron avec un petit robot ou un mixeur. Mixez quelques secondes, puis ajoutez les câpres et mixez encore un peu jusqu'à obtention d'une pâte épaisse.
- Égouttez les spaghettis en réservant un peu d'eau de cuisson, puis remettez-les dans la casserole. Incorporez la salsa verde, en délayant avec de l'eau de cuisson si nécessaire. Assaisonnez.
- Découpez le poulet en lanières épaisses. Dressez les pâtes dans des assiettes creuses et garnissez de morceaux de poulet.

---

10 MINUTES

Salade de penne au poulet et salsa verde Faites cuire 500 g de penne fraîches al dente, selon les instructions du paquet. Préparez la salsa verde comme ci-dessus. Égouttez les pâtes, rincez-les à l'eau froide, puis égouttez-les de nouveau. Mélangez-les avec la salsa verde dans un saladier. Ajoutez 2 blancs de poulet grillés émiettés et 3 tomates séchées à l'huile, égouttées et coupées en lanières.

30 MINUTES

Soupe de pâtes au poulet et salsa verde Mettez 1 carotte pelée en rondelles, 3 cuisses de poulet désossées et sans peau, et 1,5 litre de bouillon de poulet chaud dans une cocotte, et laissez mijoter 20 minutes, jusqu'à ce que le poulet soit cuit à point. Retirez le poulet à l'aide d'une écumoire, laissez-le refroidir quelques instants, puis coupez-le en lamelles. Remettez-le dans la soupe, ajoutez 1 grosse poignée de chou de Milan taillé en lanières, et faites cuire 5 minutes de plus. Pendant ce temps, faites cuire 100 g de risonis selon les instructions de l'emballage et préparez la salsa verde comme ci-dessus. Égouttez les pâtes, ajoutez-les à la cocotte et faites chauffer la soupe encore quelques instants. Servez la soupe, garnie de salsa verde.

10 MINUTES Trottole tricolores aux fèves

Pour 2 personnes
200 g de trottole tricolores
75 g de fèves surgelées, éventuellement pelées
1 c. à s. d'huile d'olive
1 gousse d'ail émincée
125 g de tomates cerises
50 g de fromage de chèvre frais
sel et poivre
origan pour décorer

- Dans une grande casserole d'eau bouillante salée, faites cuire les trottole al dente, selon les instructions de l'emballage. Ajoutez les fèves 3 à 4 minutes avant la fin de la cuisson.
- Pendant ce temps, faites chauffer l'huile d'olive dans une poêle et faites revenir l'ail 30 secondes. Ajoutez les tomates cerises, laissez-les cuire quelques minutes, jusqu'à ce qu'elles soient tendres, puis écrasez-les avec le dos d'une cuillère de façon à obtenir une sauce grossière. Assaisonnez.
- Égouttez les trottole en réservant un peu d'eau de cuisson, puis remettez-les dans la casserole. Incorporez la sauce aux tomates cerises, en délayant avec de l'eau de cuisson si nécessaire.
- Dressez dans des assiettes creuses. Décorez de miettes de fromage de chèvre et d'origan.

20 MINUTES

Trottole tricolores à la pancetta et aux fèves Faites chauffer un peu d'huile d'olive dans une sauteuse et faites dorer 5 tranches de pancetta coupées en lanières. Ajoutez 1 gousse d'ail émincée et 50 ml de vin blanc sec, laissez mijoter jusqu'à évaporation, puis ajoutez 200 g de tomates coupées en morceaux et faites cuire 10 minutes, en ajoutant un peu d'eau. Pendant ce temps, faites cuire les trottole et les fèves comme ci-dessus. Incorporez la sauce et 1 poignée d'origan. Servez avec du chèvre comme ci-dessus.

30 MINUTES

Petites lasagnes et salade de fèves Préparez la sauce aux tomates cerises comme ci-dessus, en ajoutant 5 tomates séchées à l'huile, égouttées et coupées en lanières. Ajoutez 100 ml de bouillon de poulet chaud et laissez mijoter 10 minutes. Pendant ce temps, faites cuire 4 feuilles à lasagnes sèches dans une grande casserole d'eau bouillante salée 7 à 10 minutes, puis égouttez-les bien. Coupez chaque feuille en deux et déposez ½ feuille de lasagne sur 4 assiettes. Répartissez la moitié de la sauce et 75 g de miettes de fromage de chèvre frais sur les moitiés de lasagne. Répétez l'opération avec le reste des ingrédients, en finissant par le chèvre. Dans un saladier, mélangez 75 g de fèves cuites pelées, 1 échalote émincée, 50 g de mesclun, un peu de jus de citron et 2 c. à s. d'huile d'olive vierge extra. Garnissez chaque assiette de salade puis servez.

30 MINUTES

Tagliatelles au poulet à la mexicaine

Pour 4 personnes

3 c. à s. d'huile d'olive
1 oignon finement haché
2 gousses d'ail hachées
1 c. à s. de concentré de tomate
400 g de tomates concassées en conserve
1 c. à c. de sauce au piment
2 blancs de poulet
400 g de tagliatelles
50 ml de crème fraîche
sel et poivre
quelques feuilles de coriandre ciselées pour décorer

- Faites chauffer 2 cuillerées à soupe d'huile d'olive dans une sauteuse et faites revenir l'oignon 3 minutes, en remuant. Ajoutez l'ail et poursuivez la cuisson 2 à 3 minutes. Incorporez le concentré de tomate, les tomates et la sauce au piment. Laissez mijoter 20 minutes, en ajoutant un peu d'eau si nécessaire, puis assaisonnez.
- Badigeonnez le poulet avec le reste de l'huile et assaisonnez. Dans une poêle-gril très chaude, faites cuire le poulet 7 minutes de chaque côté. Vous pouvez aussi le faire griller sous le gril du four préchauffé à puissance élevée.
- Dans une casserole d'eau bouillante salée, faites cuire les tagliatelles al dente, selon les instructions du paquet. Égouttez et réservez un peu d'eau de cuisson. Incorporez la sauce tomate, en délayant avec de l'eau de cuisson si nécessaire.
- Coupez le poulet en lamelles et ajoutez-le aux pâtes. Servez dans des assiettes creuses, décorez de coriandre et de crème fraîche.

---

10 MINUTES

Salade de pâtes pimentées au poulet Faites cuire 500 g de penne fraîches al dente, selon les instructions du paquet. Égouttez-les, rincez-les à l'eau froide, puis égouttez-les de nouveau. Dans un saladier, mélangez 5 tomates épépinées, 2 oignons de printemps et ½ piment rouge (éventuellement épépiné), le tout coupé en petits morceaux, avec un peu de jus de citron vert et d'huile d'olive. Incorporez les pâtes et 1 blanc de poulet grillé coupé en lanières.

20 MINUTES

Tagliatelles au poulet et sauce tomate épicée Mettez 2 blancs de poulet dans une petite casserole, versez du bouillon de poulet à hauteur et laissez cuire 10 à 15 minutes, à feu très doux. Pendant ce temps, mélangez 250 g de tomates cerises, 1 piment rouge (éventuellement épépiné) haché et un peu d'huile d'olive dans un plat à fond strié. Faites griller 10 minutes sous le gril du four préchauffé à puissance élevée. Pelez et évidez les tomates. Mixez-les avec 5 c. à s. de crème fraîche et 1 poignée de coriandre. Pendant la cuisson du poulet et des tomates, faites cuire les tagliatelles. Égouttez-les, réservez un peu d'eau de cuisson, puis remettez-les dans la casserole. Incorporez la sauce tomate, en délayant avec de l'eau de cuisson si nécessaire. Incorporez le poulet coupé en lamelles. Servez avec de la coriandre ciselée.

20 MINUTES

Conchiglie citronnées au thon et aux câpres

Pour 4 personnes

400 g de conchiglie
1 petite gousse d'ail écrasée
le zeste râpé et le jus de ½ citron
5 c. à s. d'huile d'olive vierge extra
225 g de thon à l'huile en conserve, égoutté
2 c. à s. de câpres rincées et égouttées
1 grosse poignée de persil plat ciselé
sel et poivre

- Dans une grande casserole d'eau bouillante salée, faites cuire les conchiglie al dente, selon les instructions de l'emballage.
- Pendant ce temps, mélangez l'ail, le jus et le zeste de citron, et l'huile d'olive dans un saladier. Émiettez le thon grossièrement avec une fourchette, puis incorporez-le ainsi que les câpres à la sauce à l'ail.
- Égouttez les conchiglie en réservant un peu d'eau de cuisson, puis remettez-les dans la casserole. Incorporez la sauce au thon, en délayant avec de l'eau de cuisson si nécessaire. Assaisonnez, ajoutez le persil et servez immédiatement.

10 MINUTES

Risonis express au thon, aux câpres et au citron

Faites cuire 200 g de risonis. Pendant ce temps, fouettez 2 c. à s. d'huile d'olive vierge extra et un peu de jus de citron, puis incorporez le thon et les câpres comme ci-dessus. Égouttez les pâtes et remettez-les dans la casserole. Incorporez la sauce au thon, puis ajoutez 75 g de feuilles de roquette déchiquetées et servez aussitôt.

30 MINUTES

Conchiglie citronnées au thon frais et aux câpres

Assaisonnez 2 steaks de thon épais, badigeonnez-les d'huile d'olive et déposez-les dans un plat à rôtir. Faites-les cuire au four préchauffé à 110 °C, pendant 20 à 25 minutes, en fonction de la cuisson souhaitée. Pendant ce temps, faites cuire les conchiglie et égouttez-les. Coupez le thon en gros morceaux. Incorporez-les aux pâtes, puis ajoutez un peu d'oignon rouge haché, 2 c. à s. de câpres rincées et égouttées, un peu de jus de citron et 1 poignée de persil plat frais ciselé. Servez aussitôt.

20 MINUTES

Orecchiette à la crème d'anchois et au brocolini

Pour 4 personnes
2 c. à s. d'huile d'olive
15 g de beurre
1 oignon émincé
3 gousses d'ail émincées
½ c. à c. de flocons de piment séché
8 filets d'anchois à l'huile, égouttés
100 ml de crème fraîche épaisse
125 g de brocolini
400 g d'orecchiette
sel et poivre

- Faites chauffer l'huile d'olive et le beurre dans une poêle, puis faites blondir l'oignon 10 minutes. Ajoutez l'ail, le piment et les anchois, et poursuivez la cuisson 2 à 3 minutes, jusqu'à ce que les anchois se délitent. Écrasez les anchois avec le dos d'une cuillère, versez la crème fraîche et assaisonnez.
- Pendant ce temps, faites cuire le brocolini 3 minutes dans de l'eau bouillante salée, puis retirez-le à l'aide d'une écumoire. Faites cuire les pâtes al dente dans la casserole d'eau bouillante, selon les instructions de l'emballage.
- Incorporez le brocolini à la crème d'anchois, couvrez et laissez cuire 3 à 5 minutes.
- Égouttez les pâtes, réservez un peu d'eau de cuisson, puis incorporez-les à la sauce au brocolini, en ajoutant un peu d'eau de cuisson si nécessaire. Servez aussitôt.

10 MINUTES

Orecchiette à la sauce au brocoli violet Faites cuire 500 g d'orecchiette fraîches al dente, selon les instructions du paquet. Pendant ce temps, dans une casserole d'eau bouillante, faites cuire 150 g de brocoli à jets violets pendant 5 minutes, jusqu'à ce qu'il soit tendre, puis égouttez-le. Mixez le brocoli avec 1 gousse d'ail écrasée, 3 filets d'anchois à l'huile égouttés, le zeste râpé et le jus de ½ citron, 25 g de parmesan râpé, 1 pincée de flocons de piment séché et 4 c. à s. d'huile d'olive vierge extra de façon à obtenir une sauce granuleuse. Égouttez les orecchiette en réservant un peu d'eau de cuisson, puis remettez-les dans la casserole. Incorporez la sauce, en délayant avec de l'eau de cuisson si nécessaire, puis servez.

30 MINUTES

Orecchiette à l'anchois et au brocoli Mélangez 1 brocoli détaillé en bouquets et 3 c. à s. d'huile d'olive dans un plat à rôtir, assaisonnez et faites rôtir 20 à 25 minutes au four préchauffé à 200 °C. Pendant ce temps, faites cuire les orecchiette et égouttez-les. Écrasez 8 filets d'anchois avec 1 gousse d'ail dans un bol, puis incorporez cette purée aux pâtes, en délayant avec de l'eau de cuisson si nécessaire. Ajoutez le brocoli. Servez avec du parmesan râpé.

20 MINUTES

Fusillis au poulet, pesto poivron-amande

Pour 4 personnes
400 g de fusillis
2 blancs de poulet grillés de 150 g chacun
sel

Pesto
2 poivrons rouges
5 c. à s. d'huile d'olive vierge extra
1 grosse poignée de feuilles de basilic + un peu pour décorer
25 g d'amandes grillées
25 g de pecorino râpé + un peu pour décorer

- Pour préparer le pesto, badigeonnez les poivrons avec 1 cuillerée à soupe d'huile d'olive, puis faites-les griller 10 minutes sous le gril du four préchauffé à puissance élevée, en les retournant 1 fois. Enfermez-les dans un sac plastique alimentaire et attendez 5 minutes. Lorsque les poivrons ont refroidi, pelez-les, coupez-les en deux et épépinez-les.
- Mixez les poivrons avec le reste de l'huile, le basilic, les amandes et le pecorino jusqu'à obtention d'une pâte lisse. Ajoutez un peu d'huile ou d'eau si nécessaire. Salez.
- Pendant ce temps, dans une casserole d'eau bouillante salée, faites cuire les pâtes al dente selon les instructions du paquet. Égouttez-les, réservez un peu d'eau de cuisson, puis remettez-les dans la casserole. Incorporez le pesto, en délayant avec un peu d'eau de cuisson.
- Coupez le poulet en lanières et incorporez-le aux pâtes. Servez dans des assiettes creuses, avec du basilic ciselé et du pecorino râpé.

---

10 MINUTES

Salade de fusillis aux poivrons et aux amandes Faites cuire les fusillis. Égouttez-les, rincez-les à l'eau froide, puis égouttez-les de nouveau. Au robot ou au mixeur, mixez 25 g d'amandes grillées, 25 g de pecorino et 4 c. à s. de mayonnaise. Dans un saladier, mélangez les fusillis, la sauce, 2 poivrons rouges grillés en bocal, égouttés et coupés en lanières, et 1 poignée de basilic. Décorez de 25 g d'amandes effilées.

30 MINUTES

Fusillis au poulet grillé, pesto pimenté Badigeonnez 1 piment rouge avec un peu d'huile d'olive. Faites-le griller avec 2 poivrons rouges, comme ci-dessus, puis préparez le pesto poivron-amande, en ajoutant 1 piment pelé et épépiné. Dans un saladier, mélangez 75 g de fromage de chèvre frais avec 1 poignée de feuilles de basilic ciselées. Insérez un peu de cette préparation sous la peau de 4 blancs de poulet, puis faites griller le poulet sous le gril préchauffé à puissance élevée pendant environ 7 minutes de chaque côté, jusqu'à ce qu'il soit cuit à point. Pendant ce temps, faites cuire et égouttez 300 g de fusillis. Incorporez le pesto, en délayant avec un peu d'eau de cuisson, puis servez les pâtes avec le poulet et des amandes grillées.

20 MINUTES

Gnocchis à la crème de gorgonzola

Pour 4 personnes
25 g de beurre
2 poireaux parés, lavés et émincés
1 oignon émincé
1 gousse d'ail hachée
75 ml de crème fraîche épaisse
75 g de gorgonzola
500 g de gnocchis frais
25 g de noix grillées, grossièrement concassées
sel et poivre

- Faites fondre le beurre dans une casserole, ajoutez les poireaux, l'oignon et un peu d'eau, et faites cuire 15 minutes à feu doux, jusqu'à ce qu'ils soient très tendres. Incorporez l'ail et laissez cuire 1 minute de plus. Ajoutez la crème et le gorgonzola émietté, puis laissez cuire jusqu'à ce que le fromage fonde.
- Pendant ce temps, dans une grande casserole d'eau bouillante salée, faites cuire les gnocchis selon les instructions du paquet. Égouttez-les, réservez un peu d'eau de cuisson, puis remettez-les dans la casserole. Incorporez la sauce, en délayant avec de l'eau de cuisson si nécessaire. Assaisonnez.
- Dressez dans des assiettes creuses et décorez de noix.

10 MINUTES

Gnocchis minute aux épinards et au gorgonzola Faites cuire les gnocchis, en ajoutant 250 g de pousses d'épinard dans la casserole juste avant d'égoutter. Ajoutez 75 g de gorgonzola émietté et suffisamment d'eau de cuisson pour former une sauce. Servez aussitôt.

30 MINUTES

Gnocchis au gorgonzola et aux échalotes rôties Mélangez 150 g d'échalotes avec 3 c. à s. d'huile d'olive et 1 c. à s. de vinaigre balsamique dans un plat à rôtir, puis ajoutez quelques brins de thym. Enfournez pour 20 à 25 minutes au four préchauffé à 180 °C. Faites cuire les gnocchis et égouttez-les, puis incorporez les échalotes, en ajoutant un peu d'eau de cuisson. Décorez de 75 g de gorgonzola émietté et servez.

20 MINUTES

Linguine aux endives rouges et au mascarpone

Pour 2 personnes

1 c. à s. d'huile d'olive
50 g de pancetta coupée en petits dés
1 petit oignon émincé
1 gousse d'ail émincée
2 endives rouges parées et émincées
50 ml de vin blanc sec
50 ml de bouillon de poulet chaud
200 g de linguine
25 g de mascarpone
15 g de parmesan râpé + un peu pour décorer
sel et poivre

- Faites chauffer l'huile d'olive dans une poêle, puis faites dorer la pancetta. Ajoutez l'oignon et faites-le blondir 5 minutes. Ajoutez l'ail et faites cuire le tout 30 secondes, puis incorporez les endives. Laissez cuire quelques minutes, jusqu'à ce que les endives fondent, puis versez le vin. Prolongez la cuisson jusqu'à réduction de moitié, puis ajoutez le bouillon et laissez mijoter 7 minutes.
- Pendant ce temps, dans une casserole d'eau bouillante salée, faites cuire les linguine al dente selon les instructions du paquet. Égouttez-les, en réservant un peu d'eau de cuisson, puis remettez-les dans la casserole.
- Incorporez le mascarpone et le parmesan à la sauce, assaisonnez, puis versez le tout dans les pâtes, en ajoutant un peu d'eau de cuisson. Servez, parsemé de parmesan.

---

10 MINUTES

Linguine aux endives grillées et au mascarpone Faites cuire les linguine. Mélangez 2 endives rouges coupées en quatre avec un peu d'huile d'olive. Sur une grille, faites-les griller sous le gril chaud 2 minutes de chaque côté, puis arrosez-les de 2 c. à c. de vinaigre balsamique. Dans une poêle chaude huilée, faites dorer 75 g de pancetta coupée en dés 5 minutes. Égouttez les pâtes, puis mélangez-les dans la casserole avec les endives et la pancetta. Servez avec le mascarpone et le parmesan râpé.

---

30 MINUTES

Linguine aux endives rôties et au mascarpone Déposez 4 endives coupées en deux dans un plat à rôtir. Beurrez-les un peu et versez 100 ml de bouillon de poulet. Faites rôtir les endives 20 à 25 minutes au four préchauffé à 180 °C. Pendant ce temps, faites cuire et égouttez les linguine, et faites griller la pancetta, l'oignon et l'ail comme ci-dessus. Coupez les endives en fines lanières dans la longueur, incorporez-les aux pâtes, puis ajoutez la préparation à la pancetta, le mascarpone et le parmesan.

20 MINUTES

Rigatonis aux crevettes, aux tomates et à la feta

Pour 4 personnes
2 c. à s. d'huile d'olive
1 oignon finement haché
2 gousses d'ail finement hachées
1 c. à c. de concentré de tomate
le jus de ½ citron
1 c. à c. de sucre
½ c. à c. de flocons de piment séché
400 g de tomates concassées en conserve
200 g de grosses crevettes crues décortiquées, surgelées
400 g de rigatonis
50 g de feta
sel et poivre
un peu de persil plat ciselé pour décorer

- Faites chauffer l'huile d'olive dans une cocotte, puis faites blondir quelques minutes l'oignon et l'ail. Ajoutez le concentré de tomate, le jus de citron, le sucre, le piment et les tomates. Portez à ébullition, puis réduisez le feu et laissez mijoter 10 minutes.
- Hors du feu, mixez le tout avec un mixeur plongeant. Remettez la cocotte sur le feu, ajoutez les crevettes et poursuivez la cuisson 3 à 5 minutes, jusqu'à ce que les crevettes soient roses et cuites à point, puis assaisonnez.
- Pendant ce temps, dans une casserole d'eau bouillante salée, faites cuire les rigatonis al dente selon les instructions du paquet. Égouttez-les, réservez un peu d'eau de cuisson, puis remettez-les dans la casserole. Incorporez la sauce, en la délayant avec de l'eau de cuisson si nécessaire. Servez, décoré de feta émiettée et de persil.

---

10 MINUTES

Penne aux crevettes, aux tomates et à la feta Faites cuire 500 g de penne fraîches al dente, selon les instructions du paquet. Ajoutez les crevettes décortiquées 5 minutes avant la fin de la cuisson. Pendant ce temps, mélangez 2 tomates épépinées coupées en dés, 1 c. à s. de sauce pimentée sucrée et 1 poignée de basilic ciselé dans un saladier. Égouttez les pâtes et les crevettes, et remettez-les dans la casserole. Arrosez d'huile d'olive, incorporez la sauce tomate et servez avec 50 g de feta émiettée.

30 MINUTES

Cocotte de rigatonis aux crevettes Dans une cocotte, mélangez 500 g de sauce tomate du commerce avec 200 ml de bouillon de poisson. Laissez mijoter 10 minutes, puis incorporez 400 g de rigatonis et faites cuire 10 minutes de plus, en remuant de temps en temps. Incorporez les crevettes décortiquées et faites-les cuire 3 à 5 minutes, jusqu'à ce qu'elles soient roses et cuites à point. Mélangez 50 g de feta émiettée, 1 poignée de chapelure et 1 poignée de persil plat frais ciselé, puis saupoudrez ce mélange sur les pâtes. Faites dorer quelques minutes sous le gril préchauffé à puissance élevée.

20 MINUTES

Bucatinis aux sardines et au fenouil

Pour 4 personnes

1 pincée de pistils de safran
5 c. à s. d'eau bouillante
3 c. à s. d'huile d'olive
1 gousse d'ail hachée
50 g de chapelure fraîche de pain blanc
400 g de bucatinis
1 oignon haché
1 bulbe de fenouil coupé menu
1 c. à c. de graines de fenouil
2 filets d'anchois à l'huile, égouttés
2 c. à s. de raisins secs
4 sardines débarrassées de leurs arêtes et coupées en filets
2 c. à s. de pignons de pin grillés
1 poignée d'aneth ciselé
sel et poivre

- Mélangez le safran et l'eau bouillante dans un bol, et laissez reposer 5 minutes. Pendant ce temps, faites chauffer 1 cuillerée à soupe d'huile d'olive dans une poêle et faites dorer l'ail et la chapelure quelques minutes. Réservez.
- Dans une casserole d'eau bouillante salée, faites cuire les bucatinis al dente, selon les instructions du paquet. Faites chauffer 1 cuillerée à soupe d'huile dans une poêle et faites revenir l'oignon avec les graines et les morceaux de fenouil 5 minutes. Ajoutez les anchois écrasés, le safran avec l'eau de trempage et les raisins secs, et laissez mijoter le tout 2 minutes.
- Badigeonnez les sardines du reste de l'huile et assaisonnez-les, puis faites-les griller sous le gril préchauffé à puissance élevée 3 minutes de chaque côté. Égouttez les bucatinis en réservant un peu d'eau de cuisson et remettez-les dans la casserole. Incorporez la sauce, en délayant avec de l'eau de cuisson si nécessaire. Assaisonnez les pâtes et dressez-les dans des assiettes, puis garnissez-les de sardines, de pignons de pin, de chapelure et d'aneth.

10 MINUTES

Spaghettinis aux sardines Faites cuire 400 g de spaghettinis al dente, selon les instructions du paquet. Faites chauffer 120 g de sardines en sauce tomate en conserve et 1 tomate en dés dans une casserole. Incorporez 1 c. à s. de câpres rincées et égouttées. Égouttez les pâtes, réservez un peu d'eau de cuisson, puis remettez-les dans la casserole. Incorporez la sauce et, si nécessaire, l'eau de cuisson.

30 MINUTES

Bucatinis aux sardines et pesto de noix Faites chauffer un peu d'huile d'olive dans une casserole et faites revenir 1 tomate coupée en dés, à feu doux. Ajoutez 1 gousse d'ail hachée, un peu de vinaigre balsamique, puis 300 ml de passata, et laissez mijoter 10 minutes. Ajoutez 120 g de sardines à l'huile et poursuivez la cuisson 10 minutes. Pendant ce temps, faites cuire les bucatinis et égouttez-les. Préparez le pesto en mixant 75 g de noix, 1 gousse d'ail, un peu de jus de citron, 1 c. à s. de câpres rincées et égouttées, 5 c. à s. d'huile d'olive vierge extra et 1 poignée de feuilles de basilic. Incorporez la sauce aux sardines aux pâtes. Servez, agrémenté de pesto.

10 MINUTES

Tortellonis aux tomates cerises et aux olives

Pour 4 personnes
2 c. à s. d'huile d'olive
1 gousse d'ail émincée
75 g d'olives noires
150 g de tomates cerises coupées en deux
1 poignée de feuilles de basilic
500 g de tortellonis au fromage
sel et poivre

- Versez l'huile d'olive dans une poêle chaude, puis faites revenir l'ail et les olives 30 secondes, jusqu'à ce que les olives commencent à crépiter. Ajoutez les tomates cerises et poursuivez la cuisson quelques minutes, jusqu'à ce qu'elles ramollissent. Assaisonnez et incorporez le basilic.
- Pendant ce temps, dans une grande casserole d'eau bouillante salée, faites cuire les tortellonis selon les instructions du paquet. Égouttez-les et mélangez-les à la sauce tomate. Servez aussitôt.

20 MINUTES

Farfalles à la tomate et à la tapenade Faites cuire 400 g de farfalles al dente, selon les instructions du paquet. Pendant ce temps, au robot ou au mixeur, mixez 1 gousse d'ail écrasée, le jus de ½ citron, 3 filets d'anchois à l'huile égouttés, 100 g d'olives noires dénoyautées, 1 poignée de persil plat et 3 c. à s. d'huile d'olive vierge extra. Égouttez les farfalles en réservant un peu d'eau de cuisson, puis remettez-les dans la casserole. Incorporez la tapenade, en la délayant avec un peu d'eau de cuisson, et 2 tomates coupées en dés. Servez aussitôt.

30 MINUTES

Ravioles maison aux 4 fromages et sauce tomate aux olives Mélangez 100 g de fromage frais à tartiner, 75 g de dolcelatte, 75 g de gruyère râpé et 25 g de parmesan râpé dans un saladier. Disposez 4 feuilles de pâte à pâtes fraîches du commerce sur un plan de travail légèrement fariné. Découpez 16 disques de pâte avec un emporte-pièce de 10 cm de diamètre. Vous pouvez aussi utiliser 16 disques de pâte à wontons ou à gyozas. Badigeonnez un peu de jaune d'œuf sur le pourtour des disques et déposez 1 c. à c. de garniture au centre de chacun, puis repliez-les en deux et scellez les bords avec les doigts. Dans une grande casserole d'eau bouillante salée, faites cuire les ravioles 3 minutes en plusieurs fois. Pendant ce temps, faites chauffer 350 ml de sauce tomate cuisinée et 75 g d'olives noires dénoyautées dans une casserole. Égouttez les ravioles, remettez-les dans la casserole, puis incorporez la sauce. Servez aussitôt.

20 MINUTES

Capellinis aux fruits de mer à l'espagnole

Pour 4 personnes

2 c. à s. d'huile d'olive
1 oignon finement haché
1 gousse d'ail écrasée
1 c. à c. de concentré de tomate
1 c. à c. de paprika
125 ml de vin blanc sec
400 g de tomates concassées en conserve
1 litre de bouillon de poulet chaud
300 g de capellinis
200 g de moules débarrassées de leur barbe et nettoyées
125 g de grosses crevettes cuites non décortiquées
75 g de d'anneaux de calamar nettoyés

- Faites chauffer l'huile d'olive dans une cocotte, puis faites blondir l'oignon et l'ail 5 minutes, à feu moyen. Ajoutez le concentré de tomate, le paprika, puis le vin, et laissez mijoter 1 à 2 minutes, jusqu'à ce que la sauce ait légèrement réduit. Ajoutez les tomates et le bouillon, et portez à ébullition.
- Cassez les pâtes en petits tronçons d'environ 2,5 cm de longueur. À feu réduit, incorporez les pâtes dans la cocotte. Couvrez et laissez cuire 7 minutes, en remuant de temps en temps pour empêcher les pâtes de coller.
- Ajoutez les moules, couvrez et poursuivez la cuisson 3 minutes jusqu'à ce que les moules commencent à s'ouvrir. Ajoutez les crevettes et les calamars, et laissez cuire 2 minutes de plus. Les fruits de mer doivent être bien cuits et les moules ouvertes (jetez celles qui sont restées fermées).
- Posez la cocotte sur la table et servez.

10 MINUTES

Salade de risonis aux fruits de mer Faites cuire 300 g de risonis selon les instructions du paquet. Ajoutez 125 g de crevettes cuites décortiquées 3 minutes, et 75 g d'anneaux de calamars 1 minute avant la fin de la cuisson. Quand les fruits de mer sont bien cuits, égouttez, rincez à l'eau froide, puis égouttez de nouveau. Versez le tout dans un plat de service, puis incorporez un peu de jus de citron, 2 c. à s. d'huile d'olive vierge extra, 2 tomates coupées en dés, 50 g de feuilles de roquette et 1 poignée d'olives noires dénoyautées.

30 MINUTES

Capellinis aux fruits de mer et au poulet Badigeonnez 2 blancs de poulet d'un peu d'huile d'olive, déposez-les dans un plat à rôtir et faites-les griller 20 minutes au four préchauffé à 200 °C. Pendant ce temps, préparez la recette ci-dessus. Découpez le poulet en tranches et incorporez-le à la cocotte 2 minutes avant la fin de la cuisson, en même temps que les calamars.

20 MINUTES

Linguine et sauce à l'agneau pimentée

Pour 4 personnes

4 côtelettes d'agneau désossées
2 c. à s. d'huile d'olive
400 g de linguine
2 gousses d'ail émincées
1 piment rouge épépiné (facultatif) et émincé
50 ml de vin blanc sec
sel et poivre
quelques feuilles de menthe ciselées pour décorer

- Badigeonnez les côtelettes d'agneau d'un peu d'huile d'olive, assaisonnez-les et faites-les griller sous le gril préchauffé à puissance élevée 5 à 7 minutes de chaque côté. Retirez le gras et coupez-les en fines tranches.
- Pendant ce temps, faites cuire les linguine al dente dans une casserole d'eau bouillante salée, en suivant les instructions du paquet.
- Versez le reste de l'huile dans une sauteuse chaude et faites dorer l'ail et le piment 1 minute, puis versez le vin et faites cuire jusqu'à réduction de moitié. Assaisonnez.
- Égouttez les linguine, remettez-les dans la casserole, puis incorporez la sauce et les tranches d'agneau. Assaisonnez. Dressez dans des assiettes creuses et décorez de menthe.

10 MINUTES

Linguine à l'agneau sauté

Faites cuire les linguine. Pendant ce temps, coupez 2 côtelettes d'agneau en lanières. Faites chauffer 2 c. à s. d'huile d'olive dans un wok, puis faites sauter l'agneau et 2 gousses d'ail émincées pendant 5 minutes. Incorporez 75 g d'olives noires dénoyautées 1 minute avant la fin de la cuisson. Ajoutez le jus de 1 citron et 1 poignée de feuilles de menthe ciselées. Égouttez les pâtes et remettez-les dans la casserole. Incorporez l'agneau sauté puis servez.

30 MINUTES

Linguine en sauce tomate à l'agneau et aux courgettes

Faites chauffer un peu d'huile d'olive dans une poêle et faites revenir 2 gousses d'ail émincées pendant 30 secondes. Ajoutez 3 tomates séchées à l'huile, égouttées et coupées en lanières, 4 tomates fraîches coupées en morceaux, un peu de vin blanc sec et 100 ml d'eau, et faites cuire 20 minutes, jusqu'à épaississement. Faites griller et tranchez l'agneau comme ci-dessus. Badigeonnez d'huile 2 grosses courgettes émincées et faites-les griller 5 minutes sous le gril, en les retournant 1 fois. Pendant ce temps, faites cuire les linguine et égouttez-les. Ajoutez les courgettes et l'agneau à la sauce tomate, faites chauffer, puis incorporez aux pâtes. Servez les linguine décorées de fromage de chèvre émietté.

20 MINUTES

Penne aux patates douces et aux épinards

Pour 4 personnes

2 patates douces pelées et coupées en gros dés
1 tête d'ail divisée en gousses
4 c. à s. d'huile d'olive
1 c. à s. de vinaigre balsamique blanc
400 g de penne
200 g de pousses d'épinard
50 g de feta
sel et poivre

- Déposez les patates douces et l'ail sur une plaque de cuisson. Arrosez-les de 2 cuillerées à soupe d'huile d'olive, remuez pour bien les napper d'huile, puis assaisonnez-les et faites-les griller 15 à 20 minutes au four préchauffé à 180 °C.
- Pressez l'ail pour le faire sortir de sa peau et, dans un bol, réduisez-le en purée avec une fourchette, puis incorporez le vinaigre et le reste de l'huile. Assaisonnez.
- Pendant ce temps, faites cuire les penne al dente dans une casserole d'eau bouillante salée, en suivant les instructions du paquet. Ajoutez les épinards juste avant d'égoutter, puis remettez le tout dans la casserole.
- Incorporez la sauce à l'ail et les patates douces aux pâtes. Servez dans des assiettes creuses et décorez de feta émiettée.

10 MINUTES

Penne minute aux patates douces et aux épinards

Faites cuire les penne. Ajoutez 2 patates douces pelées et coupées en gros dés 7 minutes avant la fin de la cuisson. Ajoutez 200 g de pousses d'épinard à la fin de la cuisson, puis égouttez et remettez le tout dans la casserole. Incorporez 100 g de ricotta et 25 g de parmesan râpé. Servez aussitôt.

30 MINUTES

Penne en sauce aux patates douces et aux épinards

Déposez sur une plaque de cuisson 2 patates douces coupées en deux et faites-les rôtir 25 à 30 minutes au four préchauffé à 180 °C. Retirez la chair à l'aide d'une cuillère et, dans un saladier, réduisez-la en purée avec 75 g de mascarpone. Pendant ce temps, faites cuire les penne et les épinards comme ci-dessus. Égouttez-les, réservez un peu d'eau de cuisson, puis remettez-les dans la casserole. Incorporez les patates douces, en ajoutant de l'eau de cuisson si nécessaire. Servez aussitôt.

30 MINUTES

Lumaconis au porc et aux champignons, sauce au vin blanc

Pour 4 personnes

2 c. à s. d'huile d'olive
1 oignon finement haché
1 gousse d'ail hachée
450 g de porc haché
1 c. à s. de concentré de tomate
250 ml de vin blanc sec
150 ml de bouillon de poulet chaud
150 g de champignons parés et émincés
75 ml de crème fraîche épaisse
400 g de lumaconis
25 g de parmesan râpé + un peu pour décorer
sel et poivre
un peu de persil plat ciselé pour décorer

- Faites chauffer 1 cuillerée à soupe d'huile d'olive dans une poêle et faites blondir l'oignon quelques minutes. Ajoutez l'ail et la viande de porc, et poursuivez la cuisson 5 à 10 minutes, en séparant le hachis avec une cuillère.
- Incorporez le concentré de tomate et laissez cuire 1 minute de plus. Versez le vin et laissez cuire jusqu'à réduction de moitié, puis ajoutez le bouillon de poulet et laissez mijoter 10 minutes.
- Faites chauffer le reste de l'huile dans une autre poêle et faites sauter les champignons 3 minutes. Ajoutez les champignons puis la crème fraîche dans la première poêle.
- Pendant ce temps, faites cuire les lumaconis al dente dans une casserole d'eau bouillante salée, en suivant les instructions du paquet. Égouttez-les, réservez un peu d'eau de cuisson, puis remettez-les dans la casserole. Incorporez la sauce et le parmesan, en ajoutant un peu d'eau de cuisson si nécessaire. Assaisonnez.
- Dressez dans des assiettes creuses. Décorez de persil et de parmesan.

---

10 MINUTES

Penne aux champignons et au jambon de Parme Faites cuire 400 g de penne. Pendant ce temps, faites dorer des champignons comme ci-dessus, en ajoutant 1 gousse d'ail hachée. Mélangez les pâtes avec cette préparation, le zeste râpé et le jus de 1 citron, 6 tranches de jambon de Parme en lanières et 1 poignée de roquette.

20 MINUTES

Lumaconis épicés au porc et aux champignons Faites griller 4 fines côtelettes de porc sous le gril préchauffé à puissance moyenne 7 minutes de chaque côté. Après 2 minutes de cuisson, ajoutez les champignons. Mélangez le zeste râpé et le jus de 1 citron, 1 c. à c. de graines de fenouil, 1 piment rouge épépiné et haché, et 5 c. à s. de crème fraîche dans un saladier. Pendant ce temps, faites cuire les lumaconis et égouttez-les. Mélangez les pâtes avec les côtelettes de porc découpées en fines lanières, les champignons, la crème fraîche et 2 tomates coupées en petits dés. Servez aussitôt.

Spécial famille

Recettes par temps de préparation

30 MINUTES

20 MINUTES

10 MINUTES

30 MINUTES

Gratin de penne à la tomate

Pour 4 personnes

2 c. à s. d'huile d'olive
+ un peu pour le plat
2 gousses d'ail hachées
400 g de tomates concassées
en conserve
1 poignée de feuilles d'origan
ciselées + un peu pour décorer
400 g de penne
250 g de mozzarella,
coupée en dés
50 g de parmesan râpé
sel et poivre

- Faites chauffer l'huile d'olive dans une poêle, puis faites dorer l'ail 30 secondes. Ajoutez les tomates et l'origan, et faites revenir le tout 10 à 12 minutes, à feu assez vif, jusqu'à épaississement. Assaisonnez.
- Pendant ce temps, faites cuire les penne al dente dans une casserole d'eau bouillante salée, en suivant les instructions du paquet. Égouttez-les, réservez un peu d'eau de cuisson, puis remettez-les dans la casserole. Incorporez la sauce tomate, en en réservant 2 cuillerées à soupe. Au besoin, ajoutez un peu d'eau de cuisson.
- Transférez la moitié des penne dans un plat à gratin huilé, recouvrez-les de la moitié de la mozzarella et du parmesan, puis ajoutez le reste des penne. Répartissez la sauce tomate réservée et le reste des fromages sur le dessus.
- Faites gratiner 15 minutes au four préchauffé à 200 °C, puis servez.

---

10 MINUTES

Penne faciles tomate-mozzarella Faites cuire les penne et égouttez-les. Incorporez 4 tomates coupées en dés, 3 c. à s. de crème fraîche et 1 poignée de roquette ciselée. Servez les penne garnis de 150 g de mozzarella en tranches et de parmesan râpé.

---

20 MINUTES

Gratin de penne en sauce tomate-jambon Faites cuire les penne selon les instructions de l'emballage. Pendant ce temps, dans une grande casserole, faites chauffer 500 ml de sauce tomate pour pâtes et 200 g de jambon coupé en allumettes. Égouttez les pâtes et incorporez la sauce. Versez le tout dans un plat à gratin, parsemez de 150 g de gruyère râpé et faites gratiner 10 minutes sous le gril du four préchauffé à puissance moyenne.

10 MINUTES

Spaghettis à la carbonara

Pour 4 personnes
400 g de spaghettis
150 g de lard fumé
2 jaunes d'œufs
4 c. à s. de crème fraîche épaisse
25 g de parmesan râpé
 + un peu pour servir
sel et poivre
salade verte pour accompagner

- Dans une grande casserole d'eau bouillante salée, faites cuire les spaghettis al dente, selon les instructions de l'emballage.
- Pendant ce temps, faites griller le lard fumé 7 minutes sous le gril du four préchauffé à puissance moyenne. Laissez-le refroidir 1 minute et coupez-le en lardons. Mélangez les jaunes d'œufs, la crème et le parmesan dans un bol.
- Égouttez les spaghettis en réservant un peu d'eau de cuisson, et remettez-les dans la casserole. Incorporez les lardons, la préparation aux œufs, et ajoutez un peu d'eau de cuisson si nécessaire. Assaisonnez.
- Dressez dans des assiettes, décorez de parmesan et accompagnez d'une salade verte.

20 MINUTES

Carbonara d'été Faites chauffer 1 c. à s. d'huile d'olive dans une poêle et faites dorer 2 courgettes coupées en rondelles 8 minutes, en les retournant 1 fois. Ajoutez 1 gousse d'ail émincée et 2 oignons de printemps émincés, et faites revenir 30 secondes. Pendant ce temps, suivez la recette ci-dessus, en incorporant les courgettes en même temps que la préparation au lard. Servez décoré de basilic.

30 MINUTES

Carbonara aux œufs pochés Cassez 1 œuf dans une petite tasse. Portez à ébullition une petite casserole d'eau, remuez l'eau pour former un tourbillon et faites délicatement glisser l'œuf au centre. Faites cuire 3 minutes, puis retirez l'œuf à l'aide d'une écumoire, séchez-le avec du papier absorbant et gardez-le au chaud. Répétez l'opération avec 3 autres œufs. Préparez la recette ci-dessus et servez la carbonara garnie d'œufs pochés.

30 MINUTES

Minestrone classique

Pour 4 personnes
2 c. à s. d'huile d'olive
1 oignon haché
1 carotte pelée et coupée en petits dés
1 bâton de céleri coupé en petits dés
1 c. à c. de concentré de tomate
2 gousses d'ail hachées
400 g de tomates concassées en conserve
750 ml de bouillon de poulet ou de légumes chaud
2 brins de thym effeuillés
125 g de ditalinis
400 g de haricots cannellini en conserve, rincés et égouttés
½ chou de Milan coupé en lanières
sel et poivre
parmesan râpé

- Faites chauffer l'huile d'olive dans un faitout et faites-y revenir l'oignon, la carotte et le céleri 10 minutes, à feu doux.
- Incorporez le concentré de tomate et l'ail, puis ajoutez les tomates, le bouillon et le thym, et laissez mijoter 10 minutes.
- Ajoutez les pâtes et les haricots et poursuivez la cuisson 10 minutes, jusqu'à ce que les ditalinis soient cuits. Ajoutez le chou 5 minutes avant la fin de la cuisson. Assaisonnez.
- Servez le minestrone dans des bols et parsemez de parmesan.

---

10 MINUTES

Minestrone express du printemps Faites chauffer 1 c. à s. d'huile d'olive dans un faitout et faites revenir 1 gousse d'ail 30 secondes. Ajoutez 1 litre de bouillon de légumes en ébullition, puis 125 g de ditalinis et laissez mijoter le tout 8 minutes. Ajoutez 50 g de haricots verts parés et 1 grosse tomate évidée et coupée en dés 5 minutes avant la fin de la cuisson, puis 50 g de fèves surgelées et 50 g de petits pois surgelés 3 à 4 minutes avant la fin de la cuisson. Servez comme ci-dessus.

---

20 MINUTES

Soupe aux haricots et au jambon Mélangez 350 ml de sauce tomate pour pâtes et 1 litre de bouillon de poulet chaud dans un faitout, et laissez mijoter 5 minutes. Incorporez 200 g de jambon coupé en dés et 400 g de haricots cannellini (ou borlotti) en conserve, rincés et égouttés, puis laissez mijoter encore 5 minutes. Ajoutez 125 g de ditalinis et poursuivez la cuisson 10 minutes. Servez la soupe décorée de basilic.

20 MINUTES

Messicanis aux 4 fromages et au cresson

Pour 4 personnes
400 g de messicanis
200 g de mascarpone
ou de fromage frais à tartiner
75 g de gorgonzola doux émietté
75 g de fontina râpée
25 g de parmesan râpé
sel et poivre

Salade de cresson
1 c. à c. de vinaigre de vin blanc
1 c. à s. d'huile d'olive vierge extra
75 g de cresson

- Dans une grande casserole d'eau bouillante salée, faites cuire les messicanis al dente, en suivant les instructions de l'emballage. Égouttez-les, réservez au moins 50 ml d'eau de cuisson, puis remettez-les dans la casserole. Incorporez les fromages, en délayant avec suffisamment d'eau de cuisson pour former une sauce crémeuse, puis assaisonnez.
- Fouettez le vinaigre et l'huile d'olive, puis mélangez cette vinaigrette avec le cresson dans un saladier. Assaisonnez.
- Dressez les pâtes dans des assiettes creuses et servez-les garnies de salade de cresson.

10 MINUTES

Tortellonis aux 4 fromages et au cresson Versez 150 g de yaourt nature dans un bol résistant à la chaleur placé sur une casserole d'eau frémissante (le fond du bol ne doit pas toucher l'eau) et faites chauffer 5 minutes. Pendant ce temps, faites cuire 500 g de tortellonis aux 4 fromages selon les instructions du paquet, égouttez-les et remettez-les dans la casserole. Incorporez le yaourt et 1 poignée de cresson. Servez.

30 MINUTES

Gratin de penne aux 4 fromages Faites cuire 400 g de penne al dente, selon les instructions du paquet. Pendant ce temps, faites griller 6 tranches de lard fumé sous le gril préchauffé à puissance moyenne pendant 10 minutes. Laissez-le refroidir 1 minute, puis coupez-le en petits morceaux. Dans un saladier, mélangez 4 fromages comme ci-dessus avec 100 ml de lait. Égouttez les pâtes et remettez-les dans la casserole. Incorporez le lard fumé et la sauce au fromage, puis 100 g de cresson, et versez le tout dans un plat à gratin. Couvrez uniformément avec 50 g de chapelure et faites gratiner 15 minutes sous le gril préchauffé à puissance moyenne.

20 MINUTES

Salade de trofie aux tomates séchées et à la roquette

Pour 4 personnes

325 g de trofie tricolores
50 g de mayonnaise
50 g de fromage frais
25 g de parmesan râpé
125 g de tomates séchées à l'huile, égouttées
75 g de roquette
sel et poivre

- Faites cuire les trofie al dente dans une grande casserole d'eau bouillante salée, en suivant les instructions de l'emballage. Égouttez-les, rincez-les à l'eau froide, puis égouttez-les de nouveau.
- Pendant ce temps, mélangez la mayonnaise, le fromage frais et le parmesan dans un saladier, puis assaisonnez. Incorporez les tomates séchées et la roquette aux pâtes. Servez avec la mayonnaise au fromage.

10 MINUTES

Risonis tomate-roquette Faites cuire et égouttez 325 g de risonis selon les instructions de l'emballage. Pendant ce temps, mixez 125 g de tomates séchées à l'huile égouttées et 50 g de fromage frais jusqu'à obtention d'une sauce. Incorporez cette sauce et 75 g de roquette aux pâtes égouttées. Servez aussitôt.

30 MINUTES

Salade chaude de trofie aux tomates séchées et à l'aubergine Coupez 1 aubergine en dés et disposez-les dans un plat à rôtir. Arrosez généreusement d'huile d'olive, mélangez, puis saupoudrez de sel et d'un peu de piment séché. Faites cuire l'aubergine 20 à 25 minutes au four préchauffé à 180 °C. Laissez refroidir quelques instants. Pendant ce temps, faites cuire des trofie. Égouttez-les et laissez-les refroidir un peu, puis mettez-les dans un saladier. Incorporez 1 c. à s. de vinaigre balsamique, les tomates séchées comme ci-dessus, les dés d'aubergine et 2 c. à s. d'huile d'olive vierge extra. Ajoutez la roquette et servez.

20 MINUTES

Fusillis au lard fumé et à la ricotta

Pour 4 personnes

5 c. à s. d'huile d'olive
2 gousses d'ail émincées
175 g de petits pois surgelés
1 poignée de feuilles de menthe ciselées + un peu pour décorer (facultatif)
un peu de jus de citron + du zeste râpé pour décorer
400 g de fusillis
4 tranches de lard fumé
25 g de parmesan râpé + un peu pour décorer
100 g de ricotta émiettée
sel et poivre

- Faites chauffer l'huile d'olive dans une petite poêle et faites dorer l'ail 5 minutes, à feu très doux.
- Faites cuire les petits pois 2 à 3 minutes dans de l'eau bouillante. Égouttez-les, rincez-les sous l'eau froide, puis égouttez-les de nouveau. Mixez la moitié des petits pois, l'huile et l'ail (réservez un peu d'huile), la menthe, le jus de citron, du sel et du poivre.
- Faites cuire les fusillis al dente dans une casserole d'eau bouillante salée, en suivant les instructions de l'emballage. Faites griller le lard fumé 10 minutes sous le gril préchauffé à puissance moyenne, en le retournant 1 fois.
- Égouttez les spaghettis en réservant un peu d'eau de cuisson puis remettez-les dans la casserole. Incorporez l'huile réservée, un peu d'eau de cuisson, puis les pois et le parmesan, et dressez dans des assiettes creuses. Déposez 1 grosse cuillerée de purée de petits pois à la menthe sur chaque portion, puis décorez de ricotta émiettée, de lard fumé, de menthe, de zeste de citron et de parmesan.

---

10 MINUTES

Fusillis au lard et à la mozzarella fondante Faites cuire les fusillis, en ajoutant les petits pois 2 à 3 minutes avant la fin de la cuisson. Faites griller le lard comme ci-dessus. Égouttez les pâtes et les petits pois, et incorporez 5 c. à s. de pesto. Ajoutez 125 g de mozzarella coupée en dés et mélangez pour la faire fondre. Servez les fusillis décorés de lard fumé et de ricotta.

30 MINUTES

Minigratins de capellinis au lard fumé et à la ricotta Faites cuire 325 g de capellinis selon les instructions de l'emballage, en ajoutant les petits pois 2 à 3 minutes avant la fin de la cuisson. Égouttez les ingrédients, rincez-les à l'eau froide, puis égouttez-les de nouveau. Mélangez 250 g de ricotta, 5 œufs battus, 3 tranches de lard fumé grillées et émiettées, le zeste râpé de 1 citron et 1 poignée de basilic ciselé dans un saladier, puis incorporez les pâtes et les petits pois. Huilez 12 alvéoles d'un moule à muffins et répartissez-y la préparation. Ajoutez 25 g de gruyère râpé et faites gratiner 15 minutes au four préchauffé à 200 °C.

20 MINUTES

Soupe de tomates aux pâtes alphabet

Pour 4 personnes

2 c. à s. d'huile d'olive
1 oignon finement haché
1 carotte pelée et coupée en petits dés
1 bâton de céleri coupé en petits dés
2 c. à c. de concentré de tomate
400 g de tomates concassées en conserve
1 c. à c. de sucre
250 ml de bouillon de légumes chaud
1 poignée de feuilles de basilic ciselées
100 g de pâtes alphabet
sel

- Faites chauffer l'huile d'olive dans une cocotte et faites revenir les légumes 5 minutes. Ajoutez le concentré de tomate, les tomates, le sucre et le bouillon, et portez à ébullition. Réduisez le feu et laissez mijoter 12 minutes.
- Incorporez le basilic, puis retirez la cocotte du feu. Avec un mixeur plongeant, mixez le tout pour obtenir un potage lisse.
- Pendant ce temps, faites cuire les pâtes dans une grande casserole d'eau bouillante salée 2 minutes de moins que le temps indiqué sur l'emballage. Égouttez-les et ajoutez-les à la soupe, puis remettez la cocotte sur le feu.
- Laissez mijoter quelques minutes. Servez dans des assiettes creuses.

---

10 MINUTES

Pâtes alphabet aux tomates et à la roquette Faites chauffer un peu d'huile d'olive dans une cocotte et faites blondir 1 gousse d'ail hachée. Ajoutez 100 g de pâtes alphabet ou de stelline, puis 150 ml de bouillon de légumes chaud et 2 tomates coupées en dés. Portez à ébullition, couvrez et laissez mijoter 5 minutes, jusqu'à ce que les pâtes soient cuites et que le liquide soit absorbé. Incorporez 1 poignée de roquette et servez aussitôt.

---

30 MINUTES

Soupe de tomates fraîches aux pâtes alphabet Mettez 1 kg de tomates fraîches dans un saladier résistant à la chaleur et couvrez-les d'eau bouillante. Attendez 1 à 2 minutes, égouttez-les, faites une incision en croix sur le dessus de chaque tomate et retirez la peau. Coupez les tomates en deux, évidez-les et coupez-les en gros morceaux. Préparez la soupe à la tomate comme ci-dessus, en remplaçant les tomates en conserve par les tomates fraîches et en ajoutant un peu plus de bouillon si nécessaire.

30 MINUTES

Lasagnes à la courgette et au jambon

Pour 4 personnes

500 ml de sauce tomate pour pâtes
6 tranches de jambon blanc coupées en morceaux
1 poignée de feuilles de basilic ciselées
1 courgette râpée
6 à 8 feuilles de pâte à lasagnes fraîche
150 ml de crème fraîche
6 c. à s. d'eau
25 g de parmesan râpé
sel et poivre

- Faites chauffer la sauce tomate dans une casserole, ajoutez le jambon, le basilic et la courgette. Assaisonnez.
- Pendant ce temps, si nécessaire, préparez les feuilles de lasagne en suivant les instructions de l'emballage. Mélangez la crème fraîche et l'eau dans un saladier jusqu'à obtention d'un mélange lisse.
- Étalez ⅓ de la sauce tomate sur le fond d'un plat à gratin. Ajoutez uniformément ¼ de la crème fraîche, puis recouvrez avec ⅓ des feuilles de lasagne, en les découpant si nécessaire. Répétez l'opération avec le reste des ingrédients, en finissant par la crème fraîche, puis saupoudrez de parmesan.
- Faites gratiner 15 minutes au four préchauffé à 200 °C.

10 MINUTES

Petites lasagnes à la courgette Faites cuire 8 feuilles de lasagne fraîches 3 à 5 minutes dans une casserole d'eau bouillante salée, puis coupez-les en deux. Faites chauffer de la sauce tomate avec 1 courgette et du basilic comme ci-dessus, en ajoutant 4 tranches de jambon de Parme en petits morceaux. Confectionnez des lasagnes sur des assiettes. Garnissez-les de 1 cuillerée de crème fraîche.

20 MINUTES

Linguine aux courgettes et au lard fumé Faites cuire 400 g de linguine al dente, selon les instructions du paquet. Pendant ce temps, coupez 2 courgettes en rondelles épaisses. Faites griller 6 tranches de lard fumé 5 à 10 minutes sous le gril préchauffé à puissance moyenne, en les retournant 1 fois. Faites cuire 50 ml de crème fraîche épaisse et le zeste râpé de 1 citron dans une petite casserole jusqu'à réduction partielle. Égouttez les pâtes et remettez-les dans la casserole. Coupez le lard fumé en lanières, incorporez-le aux pâtes, puis ajoutez la crème, les courgettes et 1 poignée de roquette. Servez aussitôt.

20 MINUTES

Fettucine alfredo au poulet

Pour 4 personnes
2 blancs de poulet
400 g de fettucine
25 g de beurre
125 ml de crème fraîche
50 g de parmesan râpé
sel et poivre
ciboulette ciselée pour décorer

- Mettez les blancs de poulet dans une petite casserole, versez de l'eau à hauteur et laissez mijoter 12 à 15 minutes.
- Pendant ce temps, faites cuire les fettucine al dente dans une casserole d'eau bouillante salée, en suivant les instructions du paquet.
- Faites fondre le beurre dans une autre casserole, incorporez la crème et laissez mijoter 1 à 2 minutes, puis assaisonnez. Avec une fourchette, émiettez grossièrement les blancs de poulet.
- Égouttez les fettucine en réservant un peu d'eau de cuisson, puis remettez-les dans la casserole. Incorporez le poulet, la sauce à la crème et le parmesan. Ajoutez un peu d'eau de cuisson si nécessaire. Assaisonnez.
- Dressez dans des assiettes creuses et décorez de ciboulette.

10 MINUTES

Spaghettis alfredo express
Préparez 400 g de spaghettis cuisson rapide et la sauce à la crème comme ci-dessus. Égouttez les pâtes en réservant un peu d'eau de cuisson, puis remettez-les dans la casserole. Incorporez 2 blancs de poulet grillés du commerce, grossièrement émiettés, la sauce à la crème et le parmesan comme ci-dessus. Servez aussitôt.

30 MINUTES

Fettucine au poulet, sauce au vin blanc Faites fondre 25 g de beurre et faites blondir 1 oignon rouge émincé 15 minutes, à feu doux. Ajoutez 75 ml de vin blanc sec et prolongez la cuisson de 5 à 10 minutes, jusqu'à réduction. Incorporez ensuite 125 ml de crème fraîche épaisse et laissez mijoter 1 à 2 minutes. Pendant ce temps, faites cuire le poulet et les fettucine comme ci-dessus. Égouttez les pâtes, puis incorporez la sauce au vin et le poulet, coupé en dés. Servez aussitôt.

30 MINUTES

Petits rouleaux aux poivrons rouges et à la ricotta

Pour 4 personnes

8 feuilles de lasagne sèches
500 g de ricotta
75 g de parmesan râpé
2 poivrons rouges grillés en bocal, égouttés et coupés en lanières
350 ml de sauce tomate pour pâtes
un peu d'huile pour le plat
150 g de tomates cerises coupées en deux
sel

- Faites cuire les feuilles de lasagne 6 minutes dans une grande casserole d'eau bouillante salée, puis égouttez-les. Rincez-les sous l'eau froide, puis égouttez-les de nouveau.
- Étalez un peu de ricotta sur une feuille de lasagne, saupoudrez un peu de parmesan et ajoutez un peu de poivron rouge, puis roulez le tout de manière à former un rouleau bien serré. Coupez-le en tronçons d'environ 2 cm de long. Répétez l'opération avec le reste des ingrédients.
- Versez la sauce tomate pour pâtes dans un grand plat à gratin légèrement huilé. Rangez les petits rouleaux de pâtes sur la sauce. Enfoncez les moitiés de tomates cerises dans les interstices et saupoudrez du reste du parmesan.
- Faites gratiner 15 minutes au four préchauffé à 200 °C.

---

10 MINUTES

Salade de conchiglie aux poivrons rouges et à la ricotta Faites cuire 500 g de conchiglie al dente, selon les instructions du paquet. Pendant ce temps, avec un robot ménager ou un mixeur, mixez 2 poivrons rouges grillés en bocal, égouttés, 2 tomates épépinées, 1 gousse d'ail écrasée, 1 poignée de feuilles de basilic et 3 c. à s. d'huile d'olive vierge extra. Égouttez les pâtes, mettez-les dans un plat de service et incorporez la sauce au poivron rouge. Parsemez de 125 g de ricotta émiettée et servez.

---

20 MINUTES

Petits rouleaux courgette-ricotta Préparez la recette ci-dessus en remplaçant les poivrons par 2 courgettes coupées en lanières. Mélangez-les avec 2 c. à s. d'huile d'olive, puis faites-les griller sous le gril préchauffé à puissance moyenne 2 à 3 minutes de chaque côté. Garnissez les lasagnes de courgettes et suivez la recette ci-dessus.

20 MINUTES

Farfalles aux boulettes de poulet et sauce aux poivrons rouges

Pour 4 personnes
300 g de poulet haché
2 oignons de printemps hachés
1 jaune d'œuf
25 g de chapelure de pain blanc
50 g de grains de maïs en conserve, égouttés
4 c. à s. d'huile d'olive + un peu pour la plaque de cuisson
400 g de farfalles
3 poivrons rouges grillés en bocal, égouttés
1 poignée de feuilles de basilic ciselées + un peu pour décorer (facultatif)
sel et poivre

- Mélangez le poulet, les oignons de printemps, le jaune d'œuf, la chapelure et le maïs dans un saladier. Assaisonnez. Mouillez les mains et façonnez des boulettes de la taille d'une noix.
- Déposez-les sur une plaque de cuisson huilée et arrosez-les de 1 cuillerée à soupe d'huile. Faites-les cuire 12 à 15 minutes au four préchauffé à 200 °C, en les retournant 1 fois.
- Pendant ce temps, faites cuire les pâtes al dente selon les instructions du paquet.
- Mixez les poivrons rouges, 2 cuillerées à soupe d'huile et le basilic jusqu'à obtention d'une sauce grossière. Égouttez les pâtes en réservant un peu d'eau de cuisson, puis remettez-les dans la casserole. Incorporez le reste de l'huile et la sauce au poivron rouge, en délayant avec un peu d'eau de cuisson si nécessaire. Dressez dans des assiettes creuses, garnissez de boulettes au poulet et décorez de basilic.

---

10 MINUTES

Salade de risonis au poulet et au poivron rouge Faites cuire 300 g de risonis selon les instructions du paquet, en ajoutant 100 g de maïs en conserve 1 minute avant la fin de la cuisson. Égouttez, rincez à l'eau froide et égouttez de nouveau. Dans un saladier, mélangez les risonis et le maïs avec 1 blanc de poulet grillé grossièrement émietté, 5 c. à s. de mayonnaise, 1 poivron rouge épépiné et coupé en dés et 1 poignée de feuilles de basilic ciselées.

30 MINUTES

Farfalles au poulet et sauce au poivron rouge Faites chauffer 4 c. à s. d'huile d'olive dans une poêle et faites revenir 2 gousses d'ail émincées pendant 30 secondes. Incorporez 4 poivrons rouges épépinés et coupés en dés, réduisez le feu et laissez cuire 15 minutes. Ajoutez 200 ml de passata et poursuivez la cuisson 10 minutes jusqu'à épaississement. Pendant ce temps, faites dorer 2 blancs de poulet dans un peu d'huile d'olive 7 minutes de chaque côté, puis retirez-les de la poêle. Dans la même poêle, faites chauffer 50 g de maïs en conserve 1 à 2 minutes. Coupez le poulet en lanières. Pendant la cuisson des poivrons et du poulet, faites cuire les farfalles et égouttez-les. Incorporez le poulet et la sauce au poivron rouge aux pâtes. Servez dans des assiettes, puis décorez de maïs et de feuilles de basilic ciselées.

30 MINUTES

Spaghettis de la mer à la crème

Pour 4 personnes

15 g de beurre
1 échalote hachée
100 ml de vermouth sec
200 ml de bouillon de poisson chaud
300 g de filet de saumon
75 g de petites crevettes cuites non décortiquées
12 noix de Saint-Jacques sans corail
150 ml de crème fraîche épaisse
1 poignée de ciboulette ciselée + un peu pour décorer
400 g de spaghettis
sel et poivre

- Faites fondre le beurre dans une cocotte et faites blondir l'échalote 3 minutes. Ajoutez le vermouth et laissez mijoter 5 minutes, jusqu'à réduction de moitié. Ajoutez le bouillon, puis le saumon (il doit être entièrement couvert de liquide). Faites cuire 5 à 10 minutes, jusqu'à ce que le poisson s'émiette facilement. Retirez le saumon de la cocotte, ôtez la peau et émiettez-le grossièrement.
- Ajoutez les crevettes, puis les noix de Saint-Jacques dans la cocotte, et poursuivez la cuisson 2 minutes. Retirez-les et réservez-les avec le saumon.
- Ajoutez la crème dans la cocotte et laissez réduire, en mijotant, jusqu'à obtention d'une sauce. Assaisonnez. Incorporez délicatement le poisson et les fruits de mer, réchauffez, puis ajoutez la ciboulette.
- Pendant ce temps, faites cuire les spaghettis al dente selon les instructions du paquet. Égouttez-les, incorporez la sauce et assaisonnez. Décorez de ciboulette.

10 MINUTES

Spaghettis de la mer express Faites cuire des spaghettis. Ajoutez 200 g de grosses crevettes crues décortiquées 3 minutes et 100 g de petits pois surgelés 2 à 3 minutes avant la fin de la cuisson ; les crevettes doivent être roses et les petits pois tendres. Égouttez et remettez dans la casserole, puis incorporez 100 g de crème fraîche et 1 poignée d'aneth ciselé. Servez aussitôt.

20 MINUTES

Spaghettis de la mer au jambon de Parme Faites cuire les spaghettis. Pendant ce temps, faites fondre un peu de beurre dans une poêle et faites revenir 4 oignons de printemps émincés quelques minutes. Ajoutez 8 grosses noix de Saint-Jacques sans corail et 1 poignée de grosses crevettes crues non décortiquées, et faites cuire 2 minutes de chaque côté, à feu assez vif. Retirez les ingrédients de la poêle. Versez un peu de vin blanc sec et laissez bouillonner jusqu'à réduction, puis incorporez 100 ml de crème fraîche épaisse et les fruits de mer, et faites chauffer. Dans une autre poêle chaude huilée, faites revenir 2 tranches de jambon de Parme 1 à 2 minutes. Égouttez les pâtes, incorporez la sauce aux fruits de mer et décorez de miettes de jambon. Servez aussitôt.

20 MINUTES

Fusillis lunghis à la sauce tomate et poulet parmigiana

Pour 4 personnes

100 g de chapelure de pain blanc
25 g de parmesan râpé
4 c. à s. d'huile d'olive + un peu pour le plat
4 blancs de poulet
75 g de mozzarella coupée en 4 tranches
300 g de fusillis lunghis
250 ml de sauce tomate pour pâtes
sel et poivre
mesclun pour servir

- Mélangez la chapelure et le parmesan sur une assiette et assaisonnez. Badigeonnez chaque blanc de poulet de 2 cuillerées à café d'huile d'olive, aplatissez-les un peu avec la paume de la main, puis roulez-les dans la chapelure pour bien les en enrober. Déposez-les sur un plat à fond strié légèrement graissé.
- Arrosez-les du reste de l'huile puis faites-les griller 10 minutes sous le gril préchauffé à puissance élevée, en les retournant 1 fois. Déposez 1 tranche de mozzarella sur chaque blanc de poulet et poursuivez la cuisson 2 minutes.
- Pendant ce temps, faites cuire les fusillis lunghis al dente, selon les instructions du paquet. Faites chauffer la sauce tomate dans une casserole. Égouttez les pâtes et incorporez la sauce. Coupez chaque blanc de poulet en deux. Dressez dans des assiettes creuses et garnissez de poulet grillé. Servez avec une salade verte.

---

10 MINUTES

Spaghettis poulet-tomate-mozzarella Faites chauffer 1 c. à s. d'huile d'olive dans une poêle et faites sauter 300 g de poulet en lanières pendant 7 minutes. Ajoutez 250 ml de sauce tomate pour pâtes et laissez mijoter 1 à 2 minutes. Pendant ce temps, faites cuire 400 g de spaghettis al dente selon les instructions du paquet, égouttez-les et remettez-les dans la casserole. Incorporez 75 g de mozzarella en dés et la sauce au poulet. Servez aussitôt.

---

30 MINUTES

Gratin de fusillis poulet-tomate-mozzarella Faites cuire 400 g de fusillis al dente selon les instructions du paquet, égouttez-les et remettez-les dans la casserole. Incorporez 250 ml de sauce tomate et 2 blancs de poulet grillés, coupés en dés. Versez dans un plat à gratin. Délayez 150 g de crème fraîche dans du lait de façon à obtenir une sauce, puis versez cette sauce sur les pâtes. Ajoutez 125 g de mozzarella râpée. Faites gratiner 15 minutes au four préchauffé à 200 °C.

20 MINUTES

Chifferis aux saucisses et à la moutarde

Pour 4 personnes
6 saucisses de porc
2 c. à s. d'huile d'olive
1 oignon émincé
2 c. à c. de moutarde à l'ancienne
150 ml de bouillon de poulet ou de légumes chaud
75 g de crème fraîche
le zeste râpé et le jus de ½ citron
400 g de chifferis
sel
un peu de persil plat ciselé pour décorer

- Badigeonnez les saucisses d'un peu d'huile d'olive et faites-les griller 15 minutes sous le gril préchauffé à puissance moyenne. Laissez-les refroidir, puis coupez-les en rondelles épaisses.
- Pendant ce temps, faites chauffer le reste de l'huile dans un faitout et faites blondir l'oignon 10 minutes. Ajoutez la moutarde et le bouillon, laissez mijoter 5 minutes, puis incorporez la crème, le jus de citron et la majeure partie du zeste.
- Faites cuire les pâtes al dente dans une casserole d'eau bouillante salée, selon les instructions du paquet. Égouttez-les, réservez un peu d'eau de cuisson, puis remettez-les dans la casserole. Incorporez les saucisses et la sauce, en délayant avec un peu d'eau de cuisson si nécessaire.
- Dressez dans des assiettes creuses et décorez de persil et de zeste de citron.

10 MINUTES

Chifferis à la pancetta et à la moutarde Faites cuire les chifferis et égouttez-les. Pendant ce temps, faites chauffer un peu d'huile d'olive dans une poêle et faites revenir 150 g de pancetta coupée en dés et 2 gousses d'ail émincées pendant 5 minutes. Ajoutez 2 c. à c. de moutarde à l'ancienne et 75 g de crème fraîche. Incorporez aux pâtes et servez décoré de persil et de zeste de citron.

30 MINUTES

Chifferis aux saucisses et à l'oignon caramélisé Faites chauffer un peu d'huile d'olive dans une poêle et faites caraméliser 1 oignon rouge émincé 20 à 25 minutes, à feu doux. Pendant ce temps, faites griller des saucisses et coupez-les comme ci-dessus. Ajoutez à la poêle les rondelles de saucisse, 1 gousse d'ail hachée, un peu de vin blanc sec, 1 feuille de sauge et 2 c. à c. de moutarde à l'ancienne. Laissez mijoter 5 minutes, puis ajoutez 2 c. à s. de crème fraîche. Pendant ce temps, faites cuire les chifferis et égouttez-les. Mélangez-les à la sauce et servez.

20 MINUTES

Garganellis aux tomates cerises

Pour 4 personnes
4 c. à s. d'huile d'olive
350 g de garganellis
1 brin de thym effeuillé
4 c. à s. de purée de tomates
2 c. à c. de vinaigre de vin rouge
2,5 litres de bouillon de poulet chaud
1 pincée de sucre en poudre
125 g de tomates cerises coupées en deux
sel et poivre
quelques feuilles de basilic ciselées pour servir
parmesan en copeaux pour servir

- Faites chauffer l'huile dans une cocotte et faites dorer les garganellis quelques minutes en remuant. Ajoutez le thym, la purée de tomates et le vinaigre, et mélangez bien.
- Ajoutez 1 louchée de bouillon et le sucre. En laissant mijoter doucement, ajoutez le bouillon 1 louchée à la fois, en remuant de temps en temps.
- Ajoutez les tomates au bout de 10 minutes, puis faites cuire 5 à 10 minutes de plus, jusqu'à ce que le liquide soit complètement absorbé et les pâtes tendres. Assaisonnez puis servez, parsemé de basilic et de parmesan.

---

10 MINUTES

Penne au pesto de tomates séchées et de basilic Faites cuire 400 g de penne al dente, selon les instructions du paquet. Pendant ce temps, au robot ou au mixeur, mixez 50 g de tomates séchées à l'huile, égouttées, 2 gousses d'ail écrasées, 25 g de pignons de pin grillés, 1 c. à c. de vinaigre balsamique, 3 c. à s. d'huile d'olive vierge extra et 1 poignée de feuilles de basilic jusqu'à obtenir un pesto. Égouttez les pâtes en réservant un peu d'eau de cuisson, puis remettez-les dans la casserole. Incorporez le pesto et ajoutez de l'eau de cuisson si nécessaire. Servez immédiatement.

---

30 MINUTES

Garganellis tomate-basilic-parmesan Coupez en deux et évidez 250 g de tomates olivettes. Mettez-les dans une poêle, avec 125 ml d'huile d'olive et 3 gousses d'ail, et laissez cuire 20 à 25 minutes, à feu très doux. Assaisonnez. Pendant ce temps, faites cuire les garganellis et égouttez-les. Incorporez les tomates, 1 poignée de feuilles de basilic ciselées et 1 poignée de parmesan râpé. Servez immédiatement.

20 MINUTES

Spaghettis bolognaise à la saucisse

Pour 4 personnes
1 c. à s. d'huile d'olive
6 saucisses à l'ail
1 oignon haché
150 g de champignons de Paris coupés en quatre
1 c. à c. de concentré de tomate
400 g de tomates concassées en conserve
1 poignée de feuilles de basilic ciselées
125 ml d'eau
400 g de spaghettis
sel et poivre
parmesan râpé

- Versez l'huile d'olive dans une poêle bien chaude. Retirez la chair des saucisses de leur enveloppe et émiettez-la dans la poêle. Faites-la revenir quelques minutes, en l'émiettant plus finement avec le dos d'une cuillère. Lorsqu'elle commence à dorer, ajoutez l'oignon et poursuivez la cuisson 5 minutes. Incorporez les champignons et prolongez la cuisson jusqu'à ce qu'ils commencent à ramollir.
- Incorporez le concentré de tomate, les tomates, le basilic et l'eau. Portez à ébullition, réduisez le feu et laissez mijoter 10 minutes. Assaisonnez.
- Pendant ce temps, faites cuire les spaghettis al dente dans une casserole d'eau bouillante, en suivant les instructions du paquet. Servez dans des assiettes creuses et garnissez de sauce. Décorez de parmesan.

---

10 MINUTES

Spaghettis bolognaise au lard fumé Faites cuire les spaghettis et égouttez-les. Pendant ce temps, faites chauffer un peu d'huile d'olive dans une poêle et faites dorer 1 à 2 minutes 3 tranches de lard fumé coupées en lanières. Ajoutez 350 ml de sauce bolognaise du commerce, puis 250 g de lentilles du Puy en conserve. Laissez mijoter 5 minutes, puis incorporez aux pâtes. Servez immédiatement.

30 MINUTES

Spaghettis bolognaise aux boulettes de viande Comme ci-dessus, retirez la chair des saucisses de leur enveloppe et émiettez-la, puis mettez-la dans un saladier. Humidifiez les mains et façonnez des boulettes de viande. Faites-les revenir dans l'huile comme ci-dessus, en ajoutant 1 oignon (n'ajoutez pas de champignons). Incorporez 75 ml de vin blanc sec et laissez mijoter le tout jusqu'à évaporation presque complète, puis ajoutez le concentré de tomate, les tomates et l'eau, et suivez la recette ci-dessus.

30 MINUTES

Poêlée de macaronis au fromage

Pour 4 personnes

325 g de macaronis
50 g de beurre
50 g de farine ordinaire
600 ml de lait
100 g de gruyère râpé
25 g de chapelure
25 g de parmesan râpé
sel et poivre

- Faites cuire les macaronis al dente dans une casserole d'eau bouillante salée, en suivant les instructions de l'emballage.
- Pendant ce temps, faites fondre le beurre dans une grande poêle allant au four, puis incorporez la farine de façon à obtenir une pâte lisse. Laissez dorer quelques instants puis incorporez progressivement le lait à l'aide d'un fouet. Portez à ébullition à feu moyen, puis laissez mijoter 3 minutes environ, jusqu'à ce que la sauce ait légèrement épaissi. Retirez du feu, incorporez le gruyère et assaisonnez.
- Égouttez les pâtes puis ajoutez-les dans la poêle. Ajoutez la sauce au fromage et mélangez bien. Saupoudrez de chapelure et de parmesan. Faites gratiner 15 minutes au four préchauffé à 190 °C.

---

10 MINUTES

Chifferis en sauce fromagère

Faites cuire 400 g de chifferis al dente, selon les instructions du paquet. Pendant ce temps, faites chauffer 1 gousse d'ail et 100 ml de crème fraîche épaisse dans une casserole 5 minutes. Retirez l'ail et jetez-le, puis incorporez 50 g de parmesan râpé. Égouttez les pâtes et remettez-les dans la casserole. Mélangez-les à la sauce et servez.

---

20 MINUTES

Gratin de macaronis à la crème

Faites fondre un peu de beurre dans une casserole et faites-y blondir 1 échalote hachée. Ajoutez 75 ml de vin blanc sec et prolongez la cuisson de 5 à 10 minutes, jusqu'à réduction. Incorporez 150 g de crème fraîche et suffisamment de lait pour obtenir une sauce homogène. Pendant ce temps, faites cuire les macaronis et égouttez-les. Mettez-les dans un plat à gratin et incorporez la sauce. Saupoudrez 50 g de gruyère râpé et faites gratiner 7 minutes sous le gril du four préchauffé à puissance moyenne.

10 MINUTES

Tagliarelles aux tomates grillées et au pesto

Pour 4 personnes

250 g de tomates cerises
1 c. à s. d'huile d'olive
400 g de tagliarelles
5 c. à s. de pesto du commerce (au rayon frais)
3 c. à s. de mascarpone
2 c. à s. de pignons de pin grillés
sel et poivre

- Déposez les tomates cerises sur une plaque de cuisson, arrosez-les d'huile d'olive, mélangez bien puis assaisonnez. Faites griller 5 minutes sous le gril préchauffé à puissance moyenne.
- Pendant ce temps, faites cuire les tagliarelles al dente, selon les instructions du paquet. Égouttez-les, réservez un peu d'eau de cuisson, puis remettez-les dans la casserole. Incorporez le pesto et le mascarpone. Ajoutez un peu d'eau de cuisson si nécessaire.
- Incorporez les tomates et assaisonnez. Dressez dans des assiettes creuses et décorez de pignons.

---

20 MINUTES

Tagliarelles aux tomates et poulet au pesto Mélangez 4 c. à s. de pesto et 2 c. à s. de mascarpone dans un bol. Avec une cuillère, insérez un peu de cette préparation sous la peau de 4 blancs de poulet avec la peau. Mettez le poulet dans un plat à rôtir et arrosez-le d'huile d'olive. Enfournez pour 15 minutes au four préchauffé à 220 °C. Ajoutez 1 poignée de tomates cerises et poursuivez la cuisson 5 minutes. Pendant ce temps, faites cuire et égouttez 300 g de tagliarelles, puis incorporez les tomates et 3 c. à s. de mascarpone. Servez avec le poulet.

---

30 MINUTES

Tagliarelles mexicaines au pesto de tomate pimenté Faites chauffer un peu d'huile d'olive dans une poêle et faites blondir 1 oignon émincé 10 minutes, à feu doux. Ajoutez 400 g de haricots cannellini en conserve, égouttés, puis 100 ml de bouillon de poulet chaud, et laissez mijoter 15 minutes jusqu'à absorption complète du liquide. Pendant ce temps, mixez 25 g de graines de courge, 1 piment jalapeño, 2 tomates séchées à l'huile, égouttées, 1 poignée de feuilles de coriandre et un peu de jus de citron vert de façon à obtenir un pesto. Faites cuire les tagliarelles al dente, selon les instructions du paquet, puis égouttez-les. Incorporez les haricots et 3 c. à s. de crème fraîche. Servez avec du pesto.

30 MINUTES

Gratin de spiralis au brocolini et au jambon

Pour 4 personnes
400 g de spiralis
125 g de brocolini
450 ml de bouillon de poulet ou de légumes chaud
1 c. à c. de moutarde
200 g de crème fraîche
150 g de jambon blanc coupé en petits dés
125 g de gruyère râpé
sel et poivre

- Faites cuire les spiralis al dente dans une grande casserole d'eau bouillante salée, en suivant les instructions de l'emballage. Ajoutez le brocolini 5 minutes avant la fin de la cuisson. Égouttez et remettez le tout dans la casserole.
- Pendant ce temps, mélangez le bouillon, la moutarde et la crème fraîche dans un grand bol, incorporez cette sauce aux pâtes et au brocolini, puis ajoutez le jambon et la moitié du gruyère. Assaisonnez. Mettez le tout dans un plat à gratin et saupoudrez du reste du fromage.
- Faites gratiner 15 minutes au four préchauffé à 200 °C.

10 MINUTES

Cavatappis au brocolini et au jambon Faites cuire 500 g de cavatappis frais al dente, selon les instructions du paquet, en ajoutant du brocolini comme ci-dessus. Pendant ce temps, faites chauffer un peu d'huile d'olive dans une poêle et faites revenir 1 gousse d'ail 30 secondes. Ajoutez 150 ml de passata et laissez mijoter 5 minutes. Égouttez les pâtes et le brocolini, et remettez-les dans la casserole. Incorporez la sauce tomate et le jambon comme ci-dessus, puis servez avec du parmesan râpé.

20 MINUTES

Gratin de spiralis brocolini-jambon-mozzarella Faites cuire les spiralis et le brocolini comme ci-dessus. Ajoutez 250 g de pousses d'épinard juste avant d'égoutter, puis remettez le tout dans la casserole. Incorporez 200 ml de bouillon de légumes ou de poulet chaud, la crème fraîche et le jambon comme ci-dessus. Mettez dans un plat à gratin et recouvrez de 125 g de mozzarella en tranches. Faites gratiner 5 à 10 minutes sousle gril préchauffé à puissance moyenne.

20 MINUTES

Conchiglie au saumon et aux poireaux

Pour 4 personnes
2 filets de saumon de 150 g chacun
2 c. à s. de beurre
2 poireaux parés, lavés et émincés
le zeste râpé et le jus de 1 citron
400 g de conchiglie
50 ml de crème fraîche
sel et poivre

- Mettez les filets de saumon dans une poêle et couvrez-les d'eau. Portez à ébullition, réduisez le feu et laissez mijoter 10 minutes. Retirez la peau et les éventuelles arêtes, puis émiettez grossièrement le poisson à l'aide d'une fourchette.
- Pendant ce temps, faites fondre le beurre dans une petite casserole, ajoutez les poireaux et faites cuire 10 minutes, à feu doux. Incorporez le jus et la majeure partie du zeste de citron.
- Faites cuire les conchiglie al dente dans une grande casserole d'eau bouillante salée, en suivant les instructions de l'emballage. Égouttez-les, en réservant un peu d'eau de cuisson, puis remettez-les dans la casserole. Incorporez le saumon et les poireaux, assaisonnez, puis ajoutez la crème fraîche et un peu d'eau de cuisson si nécessaire. Servez immédiatement. Poivrez généreusement et décorez avec le reste du zeste de citron.

10 MINUTES

Conchiglie faciles au saumon et aux poireaux Faites cuire 500 g de conchiglie al dente, selon les instructions du paquet. Ajoutez 2 poireaux émincés 3 minutes avant la fin de la cuisson. Égouttez et remettez le tout dans la casserole. Incorporez 150 g de saumon fumé coupé en lanières, la crème fraîche et le jus de citron comme ci-dessus. Servez.

30 MINUTES

Gratin de conchiglie aux 2 poissons et aux poireaux Faites cuire 1 filet d'aiglefin et 1 filet de saumon 10 minutes dans 200 ml de lait. Retirez la peau et les éventuelles arêtes, puis émiettez-le. Pendant ce temps, faites cuire et égouttez les poireaux et les conchiglie, en ajoutant 200 g de pousses d'épinard juste avant d'égoutter. Incorporez le poisson et l'eau de cuisson, les poireaux et 50 g de crème fraîche, puis versez la préparation dans un plat à gratin. Saupoudrez de 25 g de chapelure et d'un peu de beurre en parcelles, puis faites gratiner 15 minutes au four préchauffé à 200 °C.

30 MINUTES

Gratin de fusillis au thon et au maïs

Pour 4 personnes
40 g de beurre
40 g de farine ordinaire
575 ml de lait
400 g de fusillis
400 g de thon en conserve au naturel, égoutté
200 g de maïs en conserve, égoutté
75 g de gruyère râpé
25 g de chapelure
sel et poivre

- Faites fondre le beurre dans une casserole et incorporez la farine de façon à obtenir une pâte lisse. Laissez dorer quelques instants, puis incorporez progressivement le lait à l'aide d'un fouet. Portez à ébullition en remuant constamment, puis réduisez le feu et laissez mijoter 10 minutes jusqu'à épaississement, en remuant de temps en temps. Assaisonnez.
- Pendant ce temps, faites cuire les fusillis al dente dans une casserole d'eau bouillante salée, selon les instructions du paquet. Égouttez et remettez le tout dans la casserole. Incorporez la béchamel, le thon, le maïs et le gruyère (réservez un peu de gruyère).
- Versez la préparation dans un plat à gratin. Saupoudrez de chapelure et du gruyère réservé. Faites gratiner 15 minutes au four préchauffé à 200 °C.

10 MINUTES

Salade de fusillis au thon et au maïs Faites cuire 300 g de fusillis. Égouttez-les, rincez-les à l'eau froide, puis égouttez-les de nouveau. Dans un saladier, mélangez les fusillis avec 6 c. à s. de mayonnaise, 200 g de thon au naturel en conserve, égoutté, et 125 g de maïs en conserve, égoutté.

20 MINUTES

Fusillis crémeux au maïs et au lard fumé Faites chauffer un peu d'huile d'olive dans une poêle et faites blondir 1 oignon haché. Ajoutez 4 tranches de lard fumé coupées en petits dés et faites-les dorer 5 à 7 minutes. Versez 100 ml de bouillon de légumes chaud et poursuivez la cuisson 5 minutes, jusqu'à ce que le liquide commence à réduire. Ajoutez 200 g de maïs en conserve égoutté et 50 ml de crème fraîche épaisse, et faites cuire le tout 5 minutes. Pendant ce temps, faites cuire les fusillis et égouttez-les. Incorporez la sauce et 25 g de gruyère râpé. Servez aussitôt.

20 MINUTES

Linguine florentines au jambon

Pour 4 personnes

1 c. à s. d'huile d'olive
1 oignon haché
2 gousses d'ail hachées
200 g de feuilles d'épinard hachées
75 g de crème fraîche légère
1 poignée de parmesan râpé + un peu pour décorer
400 g de linguine
100 g de jambon blanc coupé en morceaux
sel et poivre

- Faites chauffer l'huile d'olive dans une poêle et faites blondir l'oignon et l'ail 5 minutes.
- Mettez les épinards dans une passoire, au-dessus d'un évier, et versez de l'eau bouillante dessus jusqu'à ce qu'ils fondent, puis pressez-les pour les faire dégorger. Mixez les épinards, l'oignon, l'ail, la crème fraîche et le parmesan jusqu'à obtention d'une pâte épaisse. Réservez.
- Faites cuire les linguine al dente dans une grande casserole d'eau bouillante salée, en suivant les instructions du paquet. Égouttez-les, en réservant un peu d'eau de cuisson, puis remettez-les dans la casserole. Incorporez la préparation aux épinards et de l'eau de cuisson si nécessaire.
- Incorporez le jambon, puis assaisonnez. Servez les linguine dans des assiettes creuses, saupoudrés de parmesan.

10 MINUTES

Linguine aux champignons, aux épinards et au jambon Faites chauffer un peu d'huile d'olive dans une poêle et faites revenir 1 gousse d'ail émincée et 150 g d'un mélange de champignons sauvages coupés en deux 3 minutes. Faites cuire les linguine en suivant les instructions du paquet, en ajoutant 200 g de pousses d'épinard juste avant la fin de la cuisson. Égouttez et remettez le tout dans la casserole. Incorporez les champignons, 100 g de jambon coupé en lanières et 3 c. à s. de crème fraîche. Servez comme ci-dessus.

30 MINUTES

Linguine florentines et œuf moulé Préparez la recette ci-dessus, puis répartissez les pâtes dans 4 gros ramequins. Cassez 1 œuf sur chaque ramequin et ajoutez un peu de beurre. Faites cuire 10 minutes au four préchauffé à 180 °C, jusqu'à ce que l'œuf soit bien cuit. Servez immédiatement.

30 MINUTES

Cannellonis épinards-ricotta

Pour 4 personnes

250 g d'épinards
1 poignée de feuilles de basilic
500 g de ricotta
50 g de parmesan râpé
1 pincée de muscade moulue
500 ml de sauce tomate pour pâtes
8 feuilles de pâte à lasagnes fraîche
125 g de mozzarella coupée en fines tranches
sel et poivre
salade verte pour accompagner (facultatif)

- Mettez les épinards dans une passoire, au-dessus d'un évier, et versez de l'eau bouillante dessus jusqu'à ce qu'ils fondent, puis pressez-les pour les faire dégorger. Hachez les épinards et le basilic dans un saladier, puis incorporez la ricotta, la moitié du parmesan et la muscade. Assaisonnez.
- Faites chauffer la sauce tomate dans une petite casserole jusqu'à ce qu'elle frémisse.
- Si nécessaire, préparez les feuilles de lasagne selon les instructions de l'emballage. Versez environ 1/3 de la sauce tomate dans le fond d'un plat à gratin. Étalez 2 à 3 cuillerées à soupe de la préparation à l'épinard sur le côté le plus long de chaque feuille de lasagne. Formez des rouleaux et rangez-les dans le plat à gratin. Ajoutez le reste de la sauce tomate et la mozzarella.
- Saupoudrez avec le reste du parmesan et faites gratiner 15 à 20 minutes au four préchauffé à 200 °C. Servez ces cannellonis avec une salade verte.

---

10 MINUTES

Spaghettis épinards-ricotta

Faites cuire 400 g de spaghettis al dente, selon les instructions du paquet. Égouttez et remettez dans la casserole. Incorporez 200 g d'épinards déchiquetés, 4 c. à s. de pesto frais du commerce et 1 poignée de tomates olivettes coupées en deux. Servez avec du parmesan râpé et des grosses cuillerées de ricotta.

---

20 MINUTES

Lasagnes épinards-ricotta

Dans une casserole d'eau bouillante salée, faites cuire 8 feuilles de lasagne fraîches pendant 3 à 5 minutes, puis égouttez-les. Préparez 100 g d'épinards comme ci-dessus, égouttez-les, puis hachez-les et mélangez-les avec la moitié de la sauce tomate et 3 c. à s. de pesto frais du commerce. Étalez la préparation aux épinards sur le fond d'un plat à gratin, puis ajoutez 1 couche de pâte à lasagne. Ajoutez 250 g de ricotta et couvrez le tout d'une autre couche de pâte. Ajoutez le reste de la sauce tomate, puis 25 g de parmesan râpé, et faites gratiner 10 minutes sous le gril préchauffé à puissance moyenne.

30 MINUTES

Gratin de penne aux épinards et aux saucisses

Pour 4 personnes

6 grosses saucisses de porc
1 c. à s. d'huile d'olive
500 ml de sauce tomate pour pâtes
300 g de penne
200 g de pousses d'épinard
250 g de ricotta
200 g de mascarpone
5 c. à s. de lait
125 g de mozzarella coupée en dés
sel et poivre

- Pressez les saucisses pour faire sortir la chair de son enveloppe et mettez la chair dans un grand bol. Humidifiez-vous les mains et façonnez des petites boulettes de viande. Faites chauffer l'huile dans une poêle et faites rissoler les boulettes 5 minutes environ, en remuant. Ajoutez la sauce tomate et laissez mijoter 5 minutes.
- Pendant ce temps, faites cuire les penne al dente dans une casserole d'eau bouillante salée, selon les instructions du paquet. Retirez du feu, ajoutez les épinards, puis égouttez, en réservant un peu d'eau de cuisson, et remettez le tout dans la casserole.
- Mélangez la ricotta, le mascarpone et le lait dans un saladier, puis incorporez les pâtes et assaisonnez.
- Étalez la sauce tomate aux boulettes dans le fond d'un plat à gratin. Ajoutez les penne puis la mozzarella. Faites gratiner 15 minutes au four préchauffé à 190 °C.

---

10 MINUTES

Penne aux épinards et au lard Faites griller 4 tranches de lard fumé sous le gril préchauffé à puissance moyenne pendant 7 minutes. Attendez 1 minute, puis coupez-les en petits morceaux. Faites cuire les penne et les épinards comme ci-dessus. Incorporez le lard et 2 tomates coupées en dés. Mélangez 250 g de ricotta et 50 g de feta, et ajoutez cette sauce sur les penne. Servez.

---

20 MINUTES

Penne aux épinards et aux saucisses Faites chauffer 2 c. à s. d'huile d'olive dans une poêle et faites revenir 1 gousse d'ail émincée 30 secondes. Ajoutez 400 g de tomates concassées en conserve, 1 pincée de flocons de piment séché et 1 pincée d'origan. Laissez mijoter 15 minutes, jusqu'à épaississement. Pendant ce temps, faites griller 6 grosses saucisses de porc 15 minutes sous le gril préchauffé à puissance moyenne. Laissez-les refroidir un peu, coupez-les en grosses rondelles, incorporez-les à la sauce et réchauffez le tout. Pendant ce temps, faites cuire les penne et les épinards comme ci-dessus. Mélangez-les avec la sauce. Décorez de 125 g de ricotta puis servez.

Bien-être

Recettes par temps de préparation

30 MINUTES

20 MINUTES

10 MINUTES

20 MINUTES

Bouillon de nouilles aux oignons

Pour 4 personnes

2 c. à s. d'huile d'olive
2 oignons : 1 haché et 1 émincé
2 gousses d'ail hachées
1 grosse poignée de feuilles de menthe ciselées
½ c. à c. de curcuma
200 g de pois chiches en conserve, rincés et égouttés
200 g de haricots rouges en conserve, rincés et égouttés
2,5 litres de bouillon de poulet chaud
125 g de nouilles aux œufs fines, cassées en petits morceaux
100 g de petits pois surgelés
100 g de légumes verts coupés en petits morceaux
coriandre et persil ciselés

- Faites chauffer la moitié de l'huile d'olive dans une petite poêle et faites caraméliser l'oignon émincé 10 minutes, à feu doux. Ajoutez l'ail et la menthe, et poursuivez la cuisson 1 minute.
- Pendant ce temps, faites chauffer le reste de l'huile dans une marmite et faites blondir l'oignon haché quelques minutes. Ajoutez le curcuma, puis les pois chiches et les haricots rouges, et enfin le bouillon. Portez à ébullition et laissez bouillonner quelques minutes. Ajoutez les nouilles et poursuivez la cuisson 5 minutes.
- Incorporez les petits pois et les légumes verts, assaisonnez, et laissez cuire 2 à 3 minutes, jusqu'à ce que les pâtes et les légumes soient cuits.
- Servez dans des assiettes creuses, décorez d'oignon caramélisé et de fines herbes ciselées. Vous pouvez agrémentez ce bouillon de yaourt. Servez avec des pitas.

---

10 MINUTES

Bouillon minute à l'oignon
Dans une marmite, faites revenir quelques instants 1 c. à c. de pâte de curry, ajoutez 4 c. à s. d'oignon frit du commerce et le bouillon comme ci-dessus, puis portez à ébullition. Ajoutez 400 g de pois chiches en conserve et les nouilles comme ci-dessus, et laissez mijoter jusqu'à ce que les nouilles soient cuites. Ajoutez les légumes verts et les petits pois 2 à 3 minutes avant la fin de la cuisson. Garnissez d'oignon caramélisé.

30 MINUTES

Pilaf à l'oignon frit Faites chauffer 1 c. à s. d'huile d'olive dans une cocotte et faites blondir 1 oignon haché. Ajoutez 1 c. à c. de cumin moulu et 1 pincée de curcuma. Ajoutez 100 g de riz long grain et 100 g de capellinis. Mélangez bien, puis versez 500 ml de bouillon de poulet chaud et 200 g de pois chiches en conserve, rincés et égouttés. Portez à ébullition, couvrez et laissez mijoter 15 à 20 minutes, jusqu'à ce que le riz soit cuit. Pendant ce temps, faites chauffer un faitout rempli au tiers d'huile végétale, puis faites-y frire 1 oignon émincé. Retirez l'oignon à l'aide d'une écumoire. Servez le pilaf décoré d'oignon frit et de feuilles de menthe ciselées.

30 MINUTES

Soupe de farfallines aux boulettes de dinde

Pour 4 personnes

500 g de dinde hachée
50 g de chapelure de pain blanc
25 g de parmesan râpé
+ un peu pour décorer
2 c. à s. de persil plat frais ciselé
+ un peu pour décorer
1 œuf légèrement battu
1 gousse d'ail écrasée
2,5 litres de bouillon de poulet chaud
2 grosses carottes pelées et émincées
175 g de farfallines
sel et poivre

- Mélangez la viande de dinde, la chapelure, le parmesan, le persil, l'œuf et l'ail dans un saladier, puis assaisonnez. Humidifiez-vous les mains, puis façonnez des petites boulettes d'environ 2 cm de diamètre avec cette préparation.
- Dans une cocotte, portez le bouillon à ébullition, ajoutez les carottes et laissez mijoter 5 minutes.
- Ajoutez les boulettes de dinde et poursuivez la cuisson 5 minutes. Ajoutez ensuite les pâtes et faites cuire 5 à 7 minutes de plus, jusqu'à ce que la viande soit bien cuite. Assaisonnez.
- Servez la soupe dans des assiettes creuses. Décorez de parmesan et de persil haché.

---

10 MINUTES

Soupe simplissime à la dinde
Portez à ébullition 1 litre de bouillon de poulet chaud, ajoutez 2 carottes râpées et faites cuire 3 minutes. Incorporez les farfallines comme ci-dessus et poursuivez la cuisson 5 à 7 minutes, en ajoutant 200 g de fines tranches de viande de dinde, coupées en lanières, 1 minute avant la fin de la cuisson. Servez la soupe parsemée d'aneth ciselé.

20 MINUTES

Steaks de dinde aux risonis
Farinez 4 steaks de dinde, secouez-les et plongez-les dans 1 œuf légèrement battu. Mélangez 100 g de chapelure et 25 g de parmesan râpé sur une assiette, puis enrobez les steaks de ce mélange. Badigeonnez-les d'un peu d'huile d'olive et faites-les cuire sous le gril du four préchauffé à puissance moyenne 5 à 7 minutes de chaque côté. Pendant ce temps, faites chauffer un peu d'huile d'olive dans une poêle et faites dorer 4 tranches de pancetta coupées en allumettes pendant 5 minutes. Retirez la pancetta de la poêle. Faites revenir 1 échalote hachée et 1 gousse d'ail écrasée dans la poêle. Dans une casserole, faites cuire 150 g de carottes coupées en fines rondelles pendant 10 minutes, puis ajoutez 400 g de risonis et poursuivez la cuisson selon les instructions du paquet. Mélangez les risonis et les carottes avec la pancetta et la préparation à l'échalote. Servez avec les steaks de dinde.

10 MINUTES

Spaghettis au piment, à la roquette et à la ricotta

Pour 4 personnes
400 g de spaghettis
1 c. à s. d'huile d'olive
1 gousse d'ail hachée
1 piment rouge épépiné (facultatif) et émincé
200 g de roquette
150 g de ricotta
sel et poivre

- Faites cuire les spaghettis al dente dans une grande casserole d'eau bouillante salée, en suivant les instructions du paquet.
- Faites chauffer l'huile d'olive dans une petite poêle et faites revenir l'ail et le piment 30 secondes. Retirez du feu.
- Égouttez les pâtes, en réservant un peu d'eau de cuisson, puis remettez-les dans la casserole. Incorporez l'huile au piment et ajoutez un peu d'eau de cuisson si nécessaire. Assaisonnez.
- Incorporez la roquette. Servez les pâtes dans des assiettes creuses et décorez-les de ricotta émiettée.

20 MINUTES

Spaghettis au mesclun, sauce à la ricotta Faites fondre 25 g de beurre dans une casserole et incorporez 25 g de farine de façon à obtenir une pâte onctueuse. Laissez cuire la pâte jusqu'à ce qu'elle dore, puis, avec un fouet, incorporez progressivement 300 ml de lait et laissez mijoter 5 à 10 minutes jusqu'à épaississement, en remuant. Incorporez 150 g de ricotta et 1 poignée de parmesan râpé. Pendant ce temps, faites cuire les spaghettis et égouttez-les. Incorporez la sauce à la ricotta et 200 g de mesclun. Servez décoré de flocons de piment séché.

30 MINUTES

Miniquiches de pâtes à la ricotta et petite salade de roquette Faites cuire 350 g de capellinis selon les instructions de l'emballage. Égouttez-les, rincez-les à l'eau froide, puis égouttez-les de nouveau. Coupez-les en morceaux, puis mélangez-les dans un saladier avec 6 œufs battus et 150 g de ricotta. Huilez 12 alvéoles d'un moule à muffins et répartissez-y la préparation. Faites cuire 15 à 20 minutes au four préchauffé à 200 °C. Mélangez la roquette, 1 piment rouge épépiné et émincé, 1 c. à c. de vinaigre de vin blanc et 2 c. à s. d'huile d'olive vierge extra dans un saladier. Servez les miniquiches accompagnées de salade.

10 MINUTES

Fettucine au chèvre et salsa de tomates

Pour 4 personnes

400 g de fettucine
125 g de fromage de chèvre frais
50 g de fromage à tartiner allégé
sel et poivre

Salsa de tomates

200 g de tomates cocktail allongées, coupées en deux
5 tomates séchées à l'huile, égouttées et coupées en petits dés
1 c. à s. de vinaigre balsamique
1 c. à s. d'huile d'olive vierge extra
1 poignée de feuilles de basilic ciselées

- Pour préparer la salsa de tomates, mélangez les tomates, le vinaigre, l'huile d'olive et le basilic (réservez-en un peu pour décorer) dans un bol. Assaisonnez et laissez reposer 5 minutes.
- Pendant ce temps, faites cuire les fettucine al dente dans une casserole d'eau bouillante salée, en suivant les instructions du paquet.
- Égouttez les pâtes, en réservant un peu d'eau de cuisson, puis remettez-les dans la casserole. Incorporez le chèvre et le fromage à tartiner, en délayant avec de l'eau de cuisson si nécessaire. Assaisonnez.
- Dressez les pâtes sur des assiettes. Agrémentez-les de salsa de tomates et d'un peu de basilic.

20 MINUTES

Fettucine au chèvre et petites tomates au four Mettez 200 g de tomates cerises dans un plat à rôtir et arrosez-les d'un peu d'huile d'olive. Faites-les rôtir 15 minutes au four préchauffé à 180 °C. Deux minutes avant la fin de la cuisson, saupoudrez les tomates de 1 poignée de feuilles d'origan ciselées et de 1 pincée de sucre, puis arrosez-les de 1 c. à s. de vinaigre balsamique. Pendant ce temps, faites cuire les fettucine et égouttez-les, en réservant un peu d'eau de cuisson. Incorporez 125 g de fromage de chèvre frais, 5 c. à s. de mascarpone et 1 poignée de parmesan râpé, en délayant avec un peu d'eau de cuisson. Dressez les fettucine dans des assiettes creuses, puis décorez-les de petites tomates au four et de quelques pignons de pin grillés.

30 MINUTES

Gratin de penne au chèvre et salsa de tomates Faites cuire 400 g de penne al dente, selon les instructions du paquet. Pendant ce temps, dans un saladier, mélangez 50 ml de crème allégée avec le chèvre et le fromage à tartiner comme ci-dessus. Délayez la sauce avec un peu de lait, puis mélangez-la aux pâtes. Mettez le tout dans un plat à gratin, saupoudrez de 1 poignée de parmesan râpé et faites gratiner 15 à 20 minutes au four préchauffé à 190 °C. Pendant ce temps, préparez la salsa comme ci-dessus. Agrémentez le gratin de salsa et servez aussitôt.

20 MINUTES

Petites lasagnes de courge butternut à la ricotta

Pour 4 personnes

1 oignon rouge émincé
½ courge butternut pelée, épépinée et coupée en lamelles
1 c. à s. d'huile d'olive
6 feuilles de lasagne sèches
250 g de ricotta
75 g de mascarpone
le jus et le zeste râpé de ½ citron + un peu de zeste pour décorer
50 g de roquette
sel

- Mettez l'oignon et la courge butternut dans un plat à rôtir et arrosez-les d'huile d'olive. Faites rôtir 15 minutes au four préchauffé à 220 °C, jusqu'à ce que la courge soit tendre et dorée.
- Pendant ce temps, faites cuire les lasagnes dans une grande casserole d'eau bouillante salée 7 à 10 minutes, puis coupez-les en deux. Pendant la cuisson des pâtes, mélangez la ricotta, le mascarpone, le jus de citron et le zeste dans un bol.
- Déposez ½ feuille de lasagne sur 4 assiettes plates, ajoutez un peu de courge et d'oignon, puis un peu de préparation à la ricotta. Répétez l'opération avec le reste des ingrédients. Décorez de feuilles de roquette et de zeste de citron, puis servez.

10 MINUTES

Penne express à la courge butternut et à la ricotta

Faites cuire ½ courge butternut coupée en dés et 400 g de penne pendant 10 minutes dans une casserole d'eau bouillante. Égouttez, en réservant un peu d'eau de cuisson, puis remettez le tout dans la casserole. Incorporez 1 c. à s. de mascarpone, en délayant avec de l'eau de cuisson, puis 250 g de ricotta. Servez aussitôt.

30 MINUTES

Cannellonis à la courge butternut et à la ricotta

Faites cuire la courge butternut préparée comme ci-dessus 10 minutes dans une casserole d'eau bouillante salée, puis égouttez-la. Réduisez-la en purée au robot ou au mixeur. Mélangez cette purée avec la ricotta et le mascarpone. Déposez un peu de cette garniture sur 8 feuilles de lasagne fraîches et formez des rouleaux. Rangez les cannellonis dans un plat à gratin, arrosez-les de 350 ml de sauce tomate du commerce, puis ajoutez 125 g de mozzarella râpée. Faites gratiner les cannellonis 15 minutes au four préchauffé à 200 °C. Servez aussitôt.

10 MINUTES

Pasta niçoise

Pour 4 personnes
400 g de ditalinis
150 g de haricots verts parés
200 g de thon au naturel en conserve, égoutté et émietté
100 g de tomates cerises coupées en quatre
50 g d'olives noires dénoyautées (de préférence des olives niçoises)
75 g de roquette
sel

Sauce aux anchois
3 filets d'anchois à l'huile, égouttés et coupés en petits morceaux
1 gousse d'ail écrasée
2 c. à c. de vinaigre de vin blanc
2 c. à s. d'huile d'olive vierge extra

- Faites cuire les ditalinis al dente dans une grande casserole d'eau bouillante salée, en suivant les instructions du paquet. Ajoutez les haricots verts 5 minutes avant la fin de la cuisson.
- Pendant ce temps, préparez la sauce. Écrasez les anchois et l'ail dans un bol, puis ajoutez le vinaigre et l'huile d'olive, et mélangez bien.
- Égouttez les pâtes et les haricots, en réservant un peu d'eau de cuisson, puis remettez-les dans la casserole. Incorporez la sauce, en délayant avec de l'eau de cuisson si nécessaire. Incorporez le reste des ingrédients et servez.

---

20 MINUTES

Pasta niçoise au thon pimenté grillé Préparez la recette ci-dessus en omettant le thon en conserve. Frottez 4 steaks de thon avec 1 c. à s. d'huile d'olive et 1 pincée de flocons de piment séché, puis assaisonnez. Faites chauffer une poêle-gril et saisissez les steaks de thon 3 à 5 minutes de chaque côté : ils doivent être grillés à l'extérieur et rosés à l'intérieur. Coupez le thon en lamelles et incorporez-le à la pasta niçoise.

---

30 MINUTES

Pasta niçoise, sauce au poivron rouge et aux tomates Mettez 200 g de tomates coupées en deux et 1 poivron rouge coupé en deux et évidé dans un plat à rôtir, et arrosez-les d'huile d'olive. Faites rôtir 20 à 25 minutes au four préchauffé à 200 °C. Mixez-les, en ajoutant 100 g de tomates cerises, de façon à obtenir une sauce avec des petits morceaux. Faites cuire les ditalinis et les haricots verts comme ci-dessus. Arrosez-les de sauce et servez.

10 MINUTES

Spaghettis au chou frisé et au gruyère

Pour 4 personnes
400 g de spaghettis complets
200 g de chou frisé déchiqueté
2 c. à s. d'huile d'olive
2 gousses d'ail émincées
1 c. à s. de vinaigre de vin blanc
sel et poivre
25 g de gruyère en gros copeaux

- Faites cuire les spaghettis al dente dans une grande casserole d'eau bouillante salée, en suivant les instructions du paquet. Ajoutez le chou 5 minutes avant la fin de la cuisson.
- Pendant ce temps, faites chauffer l'huile d'olive dans une poêle et faites revenir l'ail 30 secondes jusqu'à ce qu'il commence à dorer. Ajoutez le vinaigre et poursuivez la cuisson quelques instants. Retirez du feu.
- Égouttez les pâtes et le chou, puis remettez-les dans la casserole. Incorporez l'huile à l'ail et assaisonnez.
- Dressez dans des assiettes creuses et décorez de copeaux de gruyère.

20 MINUTES

Spaghettis au chou frisé sauté et au gruyère Faites chauffer un peu d'huile d'olive dans un faitout et faites blondir 1 oignon émincé. Ajoutez 1 gousse d'ail hachée et 200 g de chou taillé en lanières, poursuivez la cuisson 3 minutes, puis réduisez le feu et ajoutez 2 c. à s. d'eau. Couvrez et laissez cuire 15 minutes, en ajoutant un peu d'eau si nécessaire. Pendant ce temps, faites cuire les spaghettis complets et égouttez-les. Incorporez le chou et 2 tomates coupées en dés. Servez décoré de copeaux de gruyère, comme ci-dessus.

30 MINUTES

Spaghettis aux légumes et au gruyère Dans un plat à rôtir, mélangez ½ courge butternut coupée en dés avec 2 c. à s. d'huile d'olive. Faites rôtir 20 minutes au four préchauffé à 200 °C. Pendant ce temps, faites cuire les spaghettis complets et le chou comme ci-dessus, puis égouttez-les. Faites chauffer 350 ml de sauce tomate dans une casserole, puis incorporez-la aux pâtes. Dressez les spaghettis dans les assiettes, ajoutez les morceaux de courge et parsemez de copeaux de gruyère.

30 MINUTES

Tagliatelles bolognaise aux champignons

Pour 4 personnes

300 g d'un mélange de champignons parés
2 c. à s. d'huile d'olive + un peu pour servir
1 oignon haché
1 gousse d'ail écrasée
1 poignée de feuilles de thym
100 ml de vin blanc sec
1 c. à c. de concentré de tomate
300 ml de passata
400 g de tagliatelles
sel et poivre
parmesan râpé

- Avec un couteau bien aiguisé, hachez finement les champignons. Vous pouvez aussi les mixer au robot, en faisant attention de ne pas les réduire en purée.
- Faites chauffer l'huile d'olive dans une poêle et faites revenir l'oignon, les champignons, l'ail et le thym 5 minutes, à feu moyen, en remuant. Ajoutez le vin et poursuivez la cuisson 5 minutes, jusqu'à évaporation complète du vin. Incorporez le concentré de tomate et la passata, et laissez mijoter 10 minutes de plus. Assaisonnez.
- Pendant ce temps, faites cuire les tagliatelles al dente dans une casserole d'eau bouillante salée, en suivant les instructions du paquet. Égouttez-les et remettez-les dans la casserole. Ajoutez éventuellement un peu d'huile d'olive, puis la sauce.
- Servez dans des assiettes creuses, décoré de parmesan.

---

10 MINUTES

Tagliatelles à la forestière

Faites chauffer de l'huile d'olive dans une poêle et faites revenir 2 gousses d'ail hachées 1 minute. Ajoutez 250 g de champignons émincés et 1 pincée de flocons de piment séché, et faites cuire quelques minutes. Pendant ce temps, faites cuire les tagliatelles, puis incorporez les champignons, 3 tomates coupées en dés et 1 poignée de basilic ciselé. Servez immédiatement.

---

20 MINUTES

Tagliatelles aux champignons sauvages, sauce aux cèpes

Faites tremper 25 g de cèpes séchés dans 50 ml d'eau bouillante pendant 15 minutes. Pendant ce temps, faites chauffer un peu d'huile d'olive dans une poêle et faites revenir délicatement 1 gousse d'ail et 1 oignon hachés. Ajoutez 1 c. à c. de concentré de tomate, puis 100 ml de vin blanc sec, et laissez bouillonner le tout quelques minutes, jusqu'à réduction de moitié. Ajoutez les cèpes avec leur eau de trempage et 50 ml de crème fraîche. Faites sauter 150 g d'un mélange de champignons sauvages, parés et coupés en deux s'ils sont gros, dans un peu d'huile d'olive. Pendant ce temps, faites cuire les tagliatelles et égouttez-les. Incorporez les champignons et la sauce, et servez comme ci-dessus.

10 MINUTES

Conchiglie aux épinards et au chèvre

Pour 4 personnes

1 c. à s. d'huile d'olive
1 gousse d'ail hachée
250 g de pousses d'épinard déchiquetées
1 poignée de feuilles de menthe ciselées
500 g de conchiglie fraîches
100 g de fromage de chèvre frais
25 g de noix grossièrement concassées
sel et poivre

- Faites chauffer l'huile d'olive dans un faitout et faites dorer l'ail 30 secondes. Ajoutez les épinards et couvrez. Laissez cuire quelques minutes, jusqu'à ce qu'ils aient réduit, puis ajoutez la menthe.
- Pendant ce temps, faites cuire les conchiglie al dente dans une casserole d'eau bouillante salée, en suivant les instructions du paquet. Égouttez-les, en réservant un peu d'eau de cuisson, puis remettez-les dans la casserole. Incorporez les épinards en mouillant avec un peu d'eau de cuisson si nécessaire, puis assaisonnez.
- Dressez dans des assiettes creuses. Décorez de fromage de chèvre et de noix, puis servez.

---

20 MINUTES

Conchiglie aux petits légumes et au chèvre Faites cuire 400 g de conchiglie fraîches al dente, selon les instructions du paquet. Faites cuire l'ail, les épinards et la menthe comme ci-dessus. Faites chauffer 1 c. à s. d'huile d'olive dans une poêle et faites revenir quelques minutes 100 g de minicourgettes coupées en deux. Retournez-les et faites-les dorer 2 minutes de l'autre côté, après avoir ajouté 1 poignée d'olives noires dénoyautées. Incorporez les courgettes et les épinards aux pâtes égouttées, en délayant avec de l'eau de cuisson si nécessaire. Servez les conchiglie avec du chèvre comme ci-dessus.

30 MINUTES

Gratin de conchiglie chèvre-jambon-épinard Faites cuire 400 g de conchiglie sèches al dente, selon les instructions du paquet, en ajoutant 250 g de pousses d'épinard juste avant d'égoutter. Pendant ce temps, faites fondre 25 g de beurre dans une casserole et incorporez 25 g de farine de façon à obtenir une crème lisse. Laissez dorer quelques instants, puis incorporez progressivement 300 ml de lait, à l'aide d'un fouet. Portez à ébullition et laissez mijoter la béchamel jusqu'à ce qu'elle épaississe légèrement, en remuant souvent, puis incorporez 50 g de fromage de chèvre frais. Égouttez les pâtes et les épinards, incorporez la sauce et 4 tranches de jambon blanc coupées en petits dés. Versez le tout dans un plat à gratin, puis ajoutez uniformément 50 g de fromage de chèvre et 1 poignée de chapelure. Faites gratiner 15 minutes au four préchauffé à 200 °C.

20 MINUTES

Fusillis aux lentilles et aux oignons caramélisés

Pour 4 personnes

2 c. à s. d'huile d'olive
2 oignons coupés en anneaux
1 pincée de flocons de piment séché
2 gousses d'ail émincées
50 g de lentilles du Puy, rincées et égouttées
400 g de fusillis tricolores
125 g de chou frisé déchiqueté
sel et poivre

- Faites chauffer l'huile d'olive dans une poêle, ajoutez les oignons et les flocons de piment, assaisonnez, puis faites revenir 15 minutes, à feu doux. Ajoutez l'ail et poursuivez la cuisson quelques minutes.
- Pendant ce temps, faites cuire les lentilles dans une casserole d'eau frémissante en suivant les instructions de l'emballage, puis égouttez-les.
- Pendant la cuisson des oignons et des lentilles, faites cuire les fusillis al dente dans une grande casserole d'eau bouillante salée, en suivant les instructions de l'emballage. Ajoutez le chou 3 minutes avant la fin de la cuisson. Égouttez, en réservant un peu d'eau de cuisson, puis remettez dans la casserole. Incorporez les lentilles et ajoutez un peu d'eau de cuisson si nécessaire.
- Dressez dans des assiettes creuses et décorez d'oignons caramélisés.

10 MINUTES

Fusillis aux lentilles et à la tomate Dans une casserole, mélangez 250 g de lentilles du Puy en conserve, 6 c. à s. de pesto rouge frais du commerce et 2 c. à s. d'oignon frit. Ajoutez 1 tomate coupée en petits dés et suffisamment d'eau pour obtenir une sauce, puis faites chauffer le tout. Pendant ce temps, faites cuire les fusillis et égouttez-les. Incorporez la sauce et décorez d'un peu d'oignon frit.

30 MINUTES

Fusillis aux lentilles et aux échalotes rôties Mélangez 200 g d'échalotes pelées et 2 c. à s. d'huile d'olive dans un plat à rôtir. Faites-les cuire 20 à 25 minutes au four préchauffé à 190 °C, jusqu'à ce qu'elles soient tendres et dorées. Arrosez-les de 1 c. à s. de vinaigre balsamique et saupoudrez de 1 c. à c. de sucre, puis poursuivez la cuisson 2 minutes. Pendant ce temps, faites cuire et égouttez les lentilles et les fusillis comme ci-dessus, puis mélangez-les avec les échalotes. Arrosez les fusillis d'un peu de vinaigre balsamique et décorez-les de 25 g de feta émiettée.

20 MINUTES

Rigatonis au chou-fleur à la sicilienne

Pour 2 personnes

200 g de rigatonis
½ chou-fleur détaillé en bouquets
1 c. à s. d'huile d'olive
4 filets d'anchois à l'huile, égouttés et coupés en petits morceaux
2 gousses d'ail émincées
1 piment rouge épépiné (facultatif) et émincé
25 g de raisins secs
25 g de pignons de pin grillés
le jus et le zeste râpé de ½ citron
sel
un peu de persil plat ciselé pour décorer

- Faites cuire les rigatonis al dente dans une grande casserole d'eau bouillante salée, en suivant les instructions du paquet.
- Pendant ce temps, faites cuire le chou-fleur dans de l'eau bouillante 5 minutes, puis égouttez-le. Faites chauffer l'huile d'olive dans une petite poêle, ajoutez les anchois, l'ail et le piment, et faites cuire quelques minutes. Ajoutez le chou-fleur et faites-le dorer quelques minutes. Ajoutez les raisins secs et les pignons de pin, puis le jus de citron.
- Égouttez les pâtes, en réservant un peu d'eau de cuisson, puis remettez-les dans la casserole. Incorporez le chou-fleur et ajoutez un peu d'eau de cuisson si nécessaire.
- Dressez les rigatonis au chou-fleur dans des assiettes creuses. Décorez de persil et de zeste de citron.

10 MINUTES

Tagliarelles au chou-fleur et beurre d'anchois Faites cuire 200 g de tagliarelles al dente, selon les instructions du paquet, en ajoutant les bouquets de chou-fleur 7 minutes avant la fin de la cuisson. Pendant ce temps, écrasez le zeste râpé de ½ citron, 4 filets d'anchois égouttés et 25 g de beurre ramolli dans un bol. Égouttez les pâtes et le chou-fleur et dressez le tout dans des assiettes creuses. Garnissez de beurre d'anchois.

30 MINUTES

Rigatonis au chou-fleur grillé et huile à l'anchois Dans un bol, écrasez 2 gousses d'ail et 5 filets d'anchois égouttés avec 1 c. à s. d'huile. Mettez les bouquets de chou-fleur dans un plat à rôtir, ajoutez l'huile à l'anchois et mélangez bien. Faites rôtir le chou-fleur 20 à 25 minutes au four préchauffé à 200 °C. Pendant ce temps, faites cuire les rigatonis et égouttez-les. Mélangez le chou-fleur avec 1 poivron rouge grillé en bocal, coupé en petites lanières, puis incorporez le tout aux pâtes. Ajoutez un peu de jus de citron et servez.

30 MINUTES

Vermicelles aux lentilles épicées

Pour 4 personnes

125 g de lentilles vertes ou brunes, rincées et égouttées
3 c. à s. d'huile d'olive
75 g de vermicelles
200 g de riz long grain
400 ml de bouillon de poulet chaud
2 gros oignons émincés
3 gousses d'ail écrasées
¼ de c. à c. de flocons de piment séché
1 c. à c. de cumin moulu
400 ml de passata
sel et poivre
quelques feuilles de coriandre ciselées pour décorer

- Faites cuire les lentilles dans une casserole d'eau frémissante selon les instructions de l'emballage, puis égouttez-les.
- Pendant ce temps, faites chauffer 1 cuillérée à soupe d'huile d'olive dans un faitout. Mettez les vermicelles dans le faitout et laissez-les dorer quelques minutes. Ajoutez le riz, mélangez bien, puis versez le bouillon.
- Portez à ébullition, puis réduisez le feu et laissez mijoter 10 minutes environ, jusqu'à ce que le bouillon soit presque absorbé. Réduisez le feu au minimum, couvrez et laissez reposer 5 minutes.
- Pendant la cuisson des lentilles et du riz, faites chauffer le reste de l'huile dans une poêle et faites blondir les oignons 20 minutes, en remuant. Ajoutez l'ail, les flocons de piment et le cumin, et poursuivez la cuisson 1 minute. Réservez une partie des oignons. Versez la passata dans la poêle, assaisonnez et laissez mijoter jusqu'au moment de servir.
- Incorporez les lentilles au riz et servez dans des assiettes creuses. Arrosez de sauce tomate épicée, puis décorez d'oignons et de coriandre, et servez.

10 MINUTES

Salade de pâtes aux lentilles
Faites cuire 300 g de risonis, en ajoutant 125 g de fèves surgelées 3 à 4 minutes avant la fin de la cuisson. Égouttez, rincez à l'eau froide, puis égouttez de nouveau. Égouttez et rincez 200 g de lentilles en conserve. Dans un saladier, mélangez les pâtes, les fèves, les lentilles, 1 échalote hachée, le jus de 1 citron et 1 poignée de basilic ciselé.

20 MINUTES

Spaghettis à la sauce tomate aux lentilles Faites cuire 400 g de spaghettis complets al dente, en suivant les instructions du paquet. Pendant ce temps, faites chauffer 1 c. à s. d'huile d'olive dans une poêle et faites revenir 2 gousses d'ail émincées pendant 1 minute. Ajoutez 400 ml de passata et laissez mijoter le tout 10 minutes. Incorporez 400 g de lentilles en conserve, rincées et égouttées, puis faites chauffer le tout. Égouttez les pâtes et remettez-les dans la casserole. Mélangez les pâtes et la sauce aux lentilles. Servez, parsemé de parmesan râpé.

20 MINUTES

Tagliatelles courgette-tomate-feta

Pour 4 personnes

2 courgettes
1 c. à s. d'huile d'olive
400 g de tagliatelles
125 g de petits pois surgelés
50 g de feta
125 g de tomates cerises coupées en deux
sel et poivre
feuilles de basilic pour décorer

- Avec un couteau économe, découpez les courgettes en rubans, puis badigeonnez-les d'huile d'olive et assaisonnez-les. Faites chauffer une poêle-gril jusqu'à ce qu'elle fume, puis faites griller les courgettes 2 minutes. Retournez-les et faites-les griller 2 minutes de l'autre côté. Réservez.
- Faites cuire les tagliatelles al dente dans une grande casserole d'eau bouillante salée, en suivant les instructions du paquet. Ajoutez les petits pois 2 minutes avant la fin de la cuisson. Égouttez, en réservant un peu d'eau de cuisson, puis remettez dans la casserole.
- Écrasez la moitié de la feta avec 2 cuillerées à soupe d'eau de cuisson, et incorporez ce mélange aux pâtes, en délayant un peu plus si nécessaire. Mélangez les pâtes, les tomates et les courgettes. Décorez du reste de la feta émiettée et de feuilles de basilic.

10 MINUTES

Tagliarelles minute courgette-tomate-feta Faites cuire les tagliarelles et les petits pois comme ci-dessus. Pendant ce temps, écrasez dans un saladier 50 g de feta, 2 c. à s. de lait, 1 poignée de menthe ciselée et 4 tomates séchées à l'huile hachées, puis ajoutez 2 courgettes râpées. Égouttez les pâtes et les petits pois, puis incorporez la préparation à la courgette. Servez aussitôt.

30 MINUTES

Gratin de fusillis courgette-tomate-feta Faites cuire 400 g de fusillis al dente, selon les instructions du paquet. Égouttez-les et remettez-les dans la casserole, puis incorporez 400 g de tomates concassées en conserve. Pendant ce temps, faites cuire les courgettes comme ci-dessus, puis mélangez les courgettes, les pâtes et 1 poignée de basilic ciselé. Versez le tout dans un plat à gratin, puis parsemez de 1 poignée de chapelure et de 75 g de feta émiettée. Faites gratiner 15 minutes au four préchauffé à 190 °C. Décorez de pousses de petits pois mélangées avec un peu de jus de citron et d'huile d'olive vierge extra.

20 MINUTES

Spaghettis aux boulettes de thon

Pour 4 personnes

2 oignons de printemps émincés
400 g de thon en conserve au naturel, égoutté
1 jaune d'œuf légèrement battu
50 g de chapelure
1 poignée de feuilles de menthe ciselées + un peu pour décorer (facultatif)
1 pincée de flocons de piment séché
1 c. à s. d'huile d'olive
375 ml de sauce tomate pour pâtes
400 g de spaghettis
sel et poivre

- Mélangez les oignons de printemps, le thon, le jaune d'œuf, la chapelure, la menthe et les flocons de piment dans un saladier. Assaisonnez. Humidifiez les mains et façonnez une douzaine de boulettes de la taille d'une noix avec cette préparation.
- Faites chauffer l'huile d'olive dans une poêle et faites dorer les boulettes de thon 5 à 10 minutes. Ajoutez la sauce tomate et poursuivez la cuisson 5 minutes, jusqu'à ce que la sauce soit bien chaude ; si elle épaissit trop, ajoutez un peu d'eau.
- Pendant ce temps, faites cuire les spaghettis al dente dans une casserole d'eau bouillante salée, en suivant les instructions du paquet. Égouttez-les et incorporez la sauce.
- Dressez les spaghettis aux boulettes de thon dans des assiettes creuses et décorez-les de menthe.

10 MINUTES

Spaghettis au thon Faites cuire les spaghettis. Pendant ce temps, mélangez 120 g de thon au naturel égoutté, 1 piment rouge haché, éventuellement épépiné, 150 g de tomates cerises coupées en deux et du jus de citron dans un saladier. Incorporez les pâtes et ajoutez 1 grosse poignée de feuilles de roquette. Servez aussitôt.

30 MINUTES

Spaghettis aux boulettes de thon frais Hachez très finement 400 g de thon frais avec un couteau. Préparez les boulettes de thon comme ci-dessus, en remplaçant le thon en conserve par le thon frais, et en ajoutant 1 c. à c. de cumin moulu et 15 g de raisins secs. Continuez en suivant la recette ci-dessus.

20 MINUTES

Pasta primavera

Pour 4 personnes
400 g de farfalles
1 c. à s. d'huile d'olive
4 oignons de printemps émincés
25 ml de vin blanc sec
150 g de pointes d'asperges
50 ml d'eau
125 g de fèves surgelées
50 g de fromage frais à tartiner allégé
sel et poivre
un peu de ciboulette ciselée pour décorer (facultatif)

- Faites cuire les farfalles al dente dans une grande casserole d'eau bouillante salée, en suivant les instructions du paquet.
- Pendant ce temps, faites chauffer l'huile d'olive dans une poêle, à couvert, puis faites revenir les oignons de printemps 1 à 2 minutes. Ajoutez le vin et laissez bouillonner quelques minutes, jusqu'à obtention d'un sirop. Ajoutez les asperges et 50 ml d'eau, couvrez et laissez mijoter 5 minutes.
- Incorporez les fèves puis le fromage à tartiner. Mélangez bien, ajoutez encore un peu d'eau si nécessaire, et laissez cuire jusqu'à ce que le fromage ait fondu et que les fèves soient tendres. Assaisonnez.
- Égouttez les pâtes, en réservant un peu d'eau de cuisson, puis remettez-les dans la casserole. Incorporez la sauce primavera, en ajoutant de l'eau de cuisson si nécessaire.
- Dressez dans des assiettes creuses et décorez de ciboulette.

---

10 MINUTES

Pasta primavera express
Faites cuire 400 g de spaghettinis al dente, selon les instructions du paquet. Ajoutez les asperges et les fèves 3 minutes avant la fin de la cuisson. Pendant ce temps, dans un bol, mélangez le fromage à tartiner avec 2 à 3 c. à s. de pesto. Égouttez les pâtes et les légumes, en réservant un peu d'eau de cuisson, et remettez-les dans la casserole. Incorporez la sauce au fromage à tartiner aux pâtes, en délayant avec un peu d'eau de cuisson, puis servez.

30 MINUTES

Pasta primavera aux légumes grillés Faites chauffer une poêle-gril jusqu'à ce qu'elle fume. Mélangez 4 oignons de printemps émincés, 150 g de pointes d'asperges et 125 g de minipoireaux parés et nettoyés avec de l'huile d'olive dans un saladier, puis mettez la moitié des légumes dans la poêle-gril et faites-les griller 7 à 10 minutes. Retirez-les de la poêle et gardez-les au chaud, puis répétez l'opération avec le reste des légumes. Pendant ce temps, faites cuire les farfalles et égouttez-les. Incorporez les légumes grillés, ajoutez du jus de citron et un peu d'eau de cuisson, puis 1 grosse poignée de parmesan râpé. Hachez le zeste de ½ citron, 1 gousse d'ail et 1 c. à s. de persil plat frais. Garnissez les pâtes de ce mélange.

30 MINUTES

Penne à la sauce caponata

Pour 4 personnes

1 aubergine coupée en dés
4 c. à s. d'huile d'olive
1 gousse d'ail émincée
1 oignon émincé
2 bâtons de céleri émincés
75 g de grosses olives vertes dénoyautées
1 c. à s. de câpres rincées et égouttées
50 ml de vinaigre de vin blanc
2 c. à s. de sucre
400 g de tomates concassées en conserve
400 g de penne
sel et poivre
quelques feuilles de basilic ciselées pour décorer

- Mélangez les dés d'aubergine avec 2 cuillerées à soupe d'huile d'olive, déposez-les sur une plaque de cuisson et assaisonnez-les. Faites-les rôtir 20 minutes au four préchauffé à 190 °C.
- Pendant ce temps, préparez la sauce caponata. Faites chauffer le reste de l'huile dans une poêle, puis faites blondir l'ail et l'oignon 5 minutes. Ajoutez le céleri et faites cuire 5 minutes. Incorporez les olives et les câpres, puis le vinaigre, le sucre et les tomates. Portez à ébullition, réduisez le feu et laissez mijoter 15 minutes, en ajoutant l'aubergine quelques minutes avant la fin. Assaisonnez.
- Pendant la cuisson de l'aubergine, faites cuire les penne al dente selon les instructions de l'emballage. Égouttez-les, en réservant un peu d'eau de cuisson, puis remettez-les dans la casserole. Incorporez ensuite la sauce, en délayant avec de l'eau de cuisson si nécessaire.
- Dressez les penne dans des assiettes creuses et décorez-les de basilic.

---

10 MINUTES

Penne express à l'aubergine et aux tomates cerises Coupez 1 aubergine en tranches fines, badigeonnez-les d'huile d'olive et assaisonnez-les. Faites-les griller 3 à 5 minutes de chaque côté sous le gril très chaud. Pendant ce temps, faites cuire les penne. Mélangez 1 c. à s. de vinaigre balsamique, ½ c. à c. de sucre et 3 c. à s. d'huile d'olive vierge extra dans un saladier, puis assaisonnez cette sauce. Égouttez les pâtes et remettez-les dans la casserole. Mélangez les pâtes, l'aubergine, 150 g de tomates cerises coupées en deux et la sauce. Servez aussitôt.

20 MINUTES

Penne à l'aubergine, sauce caponata Préparez la sauce caponata comme ci-dessus, en omettant le céleri. Pendant ce temps, coupez 1 aubergine en fines tranches, badigeonnez-les d'huile d'olive, assaisonnez-les et faites-les griller 3 minutes de chaque côté sous le gril du four très chaud. Mélangez-les avec la sauce et 2 c. à c. de chocolat noir râpé. Pendant la cuisson de la sauce, faites cuire les penne et égouttez-les. Mélangez-les à la sauce et servez aussitôt.

20 MINUTES

Ruote au poulet grillé, aux tomates cerises et à la feta

Pour 4 personnes

2 c. à s. d'huile d'olive
2 blancs de poulet
1 c. à c. de miel
le jus de 1 citron
200 g de tomates cerises
400 g de ruote
1 poignée de feuilles d'origan ciselées
25 g de feta
sel et poivre

- Huilez légèrement les blancs de poulet, mettez-les sur une plaque de cuisson et assaisonnez-les. Faites-les griller 12 minutes au four préchauffé à 200 °C : ils ne doivent pas être tout à fait cuits.
- Arrosez-les de miel et d'un peu de jus de citron, et ajoutez les tomates. Remettez les blancs de poulet au four et poursuivez la cuisson 5 minutes, jusqu'à ce qu'ils soient cuits à point.
- Pendant ce temps, faites cuire les ruote al dente dans une casserole d'eau bouillante salée, en suivant les instructions du paquet. Égouttez-les, en réservant un peu d'eau de cuisson, puis remettez-les dans la casserole. Ajoutez du jus de citron, le reste de l'huile et l'origan.
- Incorporez le poulet coupé en dés et les tomates aux pâtes, et ajoutez avec un peu d'eau de cuisson si nécessaire. Dressez les ruote dans des assiettes creuses. Décorez-les de feta émiettée, puis servez.

10 MINUTES

Tagliarelles poulet-tomate-feta Faites cuire 400 g de tagliarelles al dente, selon les instructions du paquet. Ajoutez 2 blancs de poulet grillés du commerce émiettés, 1 grosse poignée de tomates séchées à l'huile, égouttées, et un peu de vinaigre balsamique. Servez les tagliarelles décorées de basilic et de feta, comme ci-dessus.

30 MINUTES

Ruote poulet-tomate-feta
Mélangez 1 gousse d'ail écrasée, 1 poignée d'origan, le jus de ½ citron et 3 c. à s. d'huile d'olive dans un bol, enrobez 2 blancs de poulet de ce mélange et laissez mariner 15 minutes. Faites chauffer une poêle-gril et faites griller le poulet 5 à 7 minutes de chaque côté. Mélangez 200 g de tomates cerises avec un peu d'huile d'olive sur une plaque de cuisson et laissez-les rôtir 1 à 2 minutes sous le gril préchauffé à puissance élevée. Pendant ce temps, faites cuire les ruote et égouttez-les. Écrasez 50 g de feta avec 3 c. à s. de crème fraîche dans un bol, puis incorporez cette préparation et les tomates aux pâtes. Garnissez les ruote de poulet coupé en lamelles et de feta émiettée.

20 MINUTES

Spaghettis aux poivrons rouges et aux noix

Pour 4 personnes
2 poivrons rouges
2 c. à s. d'huile d'olive
1 échalote hachée
1 gousse d'ail hachée
75 g de noix
1 c. à s. de vinaigre balsamique
4 c. à s. de fromage frais à tartiner allégé
400 g de spaghettis
1 poignée de persil plat ciselé
sel et poivre

- Badigeonnez les poivrons rouges avec 1 cuillerée à soupe d'huile, puis faites-les griller 10 minutes sous le gril très chaud, en les retournant souvent. Enfermez-les dans un sac plastique alimentaire, attendez 5 minutes, puis retirez la peau. Coupez-les en deux, épépinez-les et taillez-les en lanières.
- Pendant ce temps, faites chauffer le reste de l'huile dans une poêle et faites blondir l'échalote et l'ail 3 à 5 minutes. Dans une autre poêle, faites griller les noix 3 minutes à sec, en les secouant souvent. Mixez l'ail et l'échalote, la majeure partie des noix et le vinaigre balsamique jusqu'à obtention d'une pâte épaisse. Incorporez le fromage à tartiner et assaisonnez.
- Faites cuire les spaghettis al dente, selon les instructions du paquet. Égouttez-les, en réservant quelques cuillerées d'eau de cuisson, puis remettez-les dans la casserole. Incorporez la pâte aux noix, en délayant avec de l'eau de cuisson si nécessaire, puis les poivrons et le persil. Dressez dans des assiettes creuses et décorez du reste des noix grillées concassées.

---

10 MINUTES

Spaghettis minute aux poivrons rouges et aux noix
Faites cuire les spaghettis et égouttez-les. Pendant ce temps, mixez les noix, l'ail et le fromage à tartiner avec 2 poivrons rouges grillés en conserve et 1 poignée de basilic ciselé, jusqu'à obtention d'une sauce. Incorporez cette sauce aux pâtes. Décorez de noix concassées et servez.

30 MINUTES

Spaghettis aux poivrons rouges, aux noix et aux moules
Préparez les poivrons rouges comme ci-dessus, puis coupez-les en dés. Pendant ce temps, faites chauffer de l'huile d'olive dans une cocotte et faites-y blondir 1 échalote et 2 gousses d'ail hachées. Ajoutez 100 ml de vin blanc sec et 100 ml de bouillon de poisson chaud, et poursuivez la cuisson 10 minutes, jusqu'à réduction. Ajoutez 450 g de moules parées, couvrez et laissez cuire 5 minutes jusqu'à ce que les moules s'ouvrent (jetez celles qui restent fermées). Retirez les moules de la cocotte. Faites cuire les spaghettis et égouttez-les. Mélangez-les avec 75 g de noix concassées, 4 c. à s. de fromage à tartiner allégé et les poivrons rouges, puis mettez le tout dans la cocotte, avec les moules, et mélangez de nouveau. Décorez de persil plat ciselé.

30 MINUTES

Tripoline marinières à la courge butternut

Pour 4 personnes

400 g de courge butternut pelée, épépinée et coupée en dés
2 c. à s. d'huile d'olive
400 g de tripoline
1 oignon haché
2 gousses d'ail hachées
1 piment rouge épépiné (facultatif) et haché
75 ml de vin blanc sec
500 g de moules débarrassées de leur barbe et lavées
sel et poivre
quelques feuilles de coriandre ciselées pour décorer

- Mélangez les dés de courge avec 1 cuillerée à soupe d'huile d'olive dans un plat à rôtir, puis assaisonnez. Faites-les cuire 15 minutes au four préchauffé à 200 °C. Retournez-les et poursuivez la cuisson 10 minutes.
- Pendant ce temps, faites cuire les tripoline al dente dans une casserole d'eau bouillante salée, en suivant les instructions du paquet.
- Faites chauffer le reste de l'huile dans une cocotte et faites revenir l'oignon, l'ail et le piment, et laissez cuire le tout quelques minutes. Versez le vin puis portez à ébullition, réduisez le feu et laissez mijoter 1 à 2 minutes. Ajoutez les moules, couvrez et faites cuire 5 minutes, jusqu'à ce que les moules s'ouvrent (jetez celles qui restent fermées).
- Égouttez les pâtes et remettez-les dans la casserole. Incorporez la courge et les moules avec leur jus de cuisson, puis assaisonnez.
- Dressez les tripoline dans des assiettes creuses. Décorez de coriandre.

10 MINUTES

Tripoline marinières minute à la courge Faites cuire 400 g de penne et la courge butternut préparée comme ci-dessus, dans une grande casserole d'eau bouillante pendant 10 minutes. Égouttez, remettez dans la casserole et incorporez 200 g de moules prêtes à consommer, du jus de citron et quelques flocons de piment séché. Servez comme ci-dessus.

20 MINUTES

Tripoline à la courge, sauce marinière Faites chauffer un peu d'huile d'olive dans une poêle et, à feu doux, faites revenir la courge butternut préparée comme ci-dessus 12 à 15 minutes, puis réduisez-la en purée au robot ou au mixeur. Faites chauffer un peu d'huile d'olive dans une poêle, faites-y blondir 1 oignon haché, puis ajoutez la purée de courge, 75 g de crème fraîche allégée et suffisamment d'eau pour former une sauce. Ajoutez 200 g de grosses crevettes cuites décortiquées et poursuivez la cuisson 3 minutes. Pendant ce temps, faites cuire les tripoline et égouttez-les. Incorporez la sauce. Décorez de 25 g de fromage de chèvre frais émietté et de persil ciselé.

20 MINUTES

Gnocchis au saumon, sauce tomate pimentée

Pour 4 personnes

2 c. à s. d'huile d'olive
1 filet de saumon de 250 g
1 oignon haché
2 gousses d'ail hachées
1 c. à c. de concentré de tomate
1 à 2 c. à s. de sauce pimentée sucrée
400 g de tomates concassées en conserve
400 g de gnocchis secs
sel et poivre
feuilles de basilic pour décorer

- Badigeonnez le saumon avec 1 cuillerée à soupe d'huile d'olive et assaisonnez-le. Mettez-le sur une plaque de cuisson et faites-le cuire 12 à 15 minutes au four préchauffé à 190 °C, jusqu'à ce qu'il s'émiette facilement.
- Pendant ce temps, faites chauffer le reste de l'huile dans une casserole et faites revenir l'ail et l'oignon quelques minutes. Ajoutez le concentré de tomate, puis la sauce pimentée sucrée et les tomates. Portez à ébullition, réduisez le feu et laissez mijoter jusqu'au moment de servir.
- Faites cuire les gnocchis al dente dans une grande casserole d'eau bouillante salée, en suivant les instructions du paquet. Égouttez-les, en réservant un peu d'eau de cuisson, puis remettez-les dans la casserole. Incorporez la sauce tomate, en délayant avec de l'eau de cuisson si nécessaire. Émiettez le poisson, en retirant la peau et les arêtes si nécessaire, puis ajoutez-le aux pâtes.
- Dressez dans des assiettes creuses et décorez de basilic.

10 MINUTES

Gnocchis express tomate-saumon Faites cuire les gnocchis et égouttez-les. Mélangez 200 g de tomates cerises coupées en deux, 3 c. à s. de sauce pimentée sucrée et 1 poignée de basilic ciselé dans un bol. Incorporez le tout aux pâtes, puis ajoutez 2 filets de saumon fumé à chaud, coupés en petits morceaux. Servez aussitôt.

30 MINUTES

Salade de ditalinis tomate-saumon Faites cuire 300 g de ditalinis selon les instructions du paquet. Égouttez-les, rincez-les à l'eau froide, puis égouttez-les de nouveau. Pendant ce temps, mettez 1 filet de saumon de 250 g dans une poêle, versez suffisamment de vin blanc sec et de bouillon de poisson pour le couvrir, et laissez-le cuire 15 minutes. Retirez la peau et les arêtes éventuelles, puis émiettez-le. Mélangez du jus de citron, 1 c. à c. de miel, 1 piment épépiné haché et 3 c. à s. d'huile d'olive vierge extra dans un bol. Évidez et coupez 3 tomates bien mûres en petits dés. Avec un couteau économe, taillez ½ concombre en rubans. Mélangez tous les ingrédients dans un saladier et décorez de coriandre ciselée.

20 MINUTES

Tortiglionis aux légumes d'été

Pour 4 personnes

2 c. à s. d'huile d'olive
1 poivron rouge évidé et taillé en lanières
1 aubergine émincée
1 courgette émincée
150 g de tomates cocktail allongées, coupées en deux
400 g de tortiglionis
25 g de pignons de pin grillés

Vinaigrette au basilic

1 c. à s. de vinaigre de vin blanc
½ c. à c. de moutarde de Dijon
2 c. à s. d'huile d'olive vierge extra
1 grosse poignée de feuilles de basilic ciselées
sel et poivre

- Badigeonnez d'huile d'olive le poivron, l'aubergine, la courgette et les tomates. Assaisonnez. Faites chauffer une poêle-gril jusqu'à ce qu'elle fume, puis faites griller les légumes en plusieurs fois.
- Pendant ce temps, faites cuire les tortiglionis al dente en suivant les instructions du paquet. Égouttez-les et réservez un peu d'eau de cuisson.
- Pour préparer la vinaigrette, fouettez le vinaigre et la moutarde dans un bol, puis incorporez l'huile en filet ; fouettez jusqu'à obtention d'une vinaigrette. Assaisonnez et incorporez le basilic.
- Remettez les pâtes dans la casserole. Incorporez les légumes et un peu de vinaigrette, en délayant avec de l'eau de cuisson si nécessaire.
- Dressez dans des assiettes creuses et arrosez du reste de la vinaigrette. Décorez de pignons de pin.

---

10 MINUTES

Penne express aux légumes grillés Faites cuire 400 g de penne al dente selon les instructions du paquet, puis égouttez-les. Pendant ce temps, mélangez 50 g de fromage de chèvre frais et 3 c. à s. de pesto dans un bol. Mélangez 1 aubergine et 1 poivron grillés du commerce, coupés en dés, et la sauce au fromage avec les pâtes. Servez aussitôt.

30 MINUTES

Tortiglionis en sauce façon ratatouille Coupez les légumes en petits dés. Faites chauffer un peu d'huile d'olive dans une poêle et faites cuire les légumes en plusieurs fois. Pendant ce temps, faites chauffer 2 c. à s. d'huile d'olive dans une sauteuse, puis faites revenir 1 oignon et 1 gousse d'ail hachés. Versez 100 ml de vin blanc sec, poursuivez la cuisson 5 minutes, puis ajoutez 400 g de tomates concassées en conserve et laissez mijoter 10 minutes. Retirez la sauteuse du feu et mixez la sauce avec un mixeur plongeant, puis ajoutez les légumes. Remettez la sauteuse sur le feu et laissez mijoter 10 minutes de plus, assaisonnez et ajoutez 1 poignée de basilic ciselé. Pendant la cuisson de la sauce, faites cuire les tortiglionis et égouttez-les. Incorporez la sauce aux tortiglionis et servez aussitôt.

20 MINUTES

Papardelles au fenouil et aux olives

Pour 4 personnes
2 c. à s. d'huile d'olive
1 bulbe de fenouil émincé
1 oignon rouge émincé
2 gousses d'ail émincées
le zeste de 1 orange
75 ml de vin blanc sec
50 g d'olives noires dénoyautées
400 g de papardelles
sel
quelques feuilles de basilic ciselées pour décorer

- Faites chauffer l'huile d'olive dans un faitout, ajoutez le fenouil, l'oignon et l'ail, et faites cuire 10 minutes, à feu doux. Taillez un ruban de zeste d'orange avec un couteau bien aiguisé et ajoutez-le dans le faitout. Versez le vin et portez à ébullition, puis réduisez le feu et ajoutez les olives. Laissez mijoter 10 minutes, en ajoutant un peu d'eau si nécessaire.
- Pendant ce temps, faites cuire les papardelles al dente dans une casserole d'eau bouillante, en suivant les instructions du paquet. Égouttez-les et réservez un peu d'eau de cuisson. Incorporez la sauce (retirez le zeste d'orange), en délayant avec un peu d'eau de cuisson si nécessaire.
- Dressez dans des assiettes creuses. Décorez d'un peu de zeste d'orange râpé et de basilic.

10 MINUTES

Papardelles fenouil-olive-orange express Faites cuire les papardelles. Faites chauffer un peu d'huile d'olive dans une poêle et faites revenir 3 minutes 1 bulbe de fenouil et 1 gousse d'ail hachés. Versez 50 ml de vermouth, laissez bouillonner quelques instants, puis ajoutez le jus de ½ orange. Égouttez les pâtes et remettez-les dans la casserole, puis incorporez 50 g d'olives noires dénoyautées, 1 poignée de basilic ciselé et la sauce au fenouil.

30 MINUTES

Salade de penne fenouil-olive-orange à l'espadon Coupez 1 bulbe de fenouil en bâtonnets. Badigeonnez-les d'huile d'olive puis faites-les griller sous le gril préchauffé à puissance élevée 3 minutes de chaque côté. Laissez-les refroidir. Faites cuire 400 g de penne selon les instructions de l'emballage. Égouttez-les, rincez-les à l'eau froide, puis égouttez-les de nouveau. Badigeonnez d'huile d'olive 4 steaks d'espadon, assaisonnez-les et faites-les griller sous le gril du four préchauffé à puissance moyenne 5 à 7 minutes de chaque côté. Mélangez les pâtes refroidies, le fenouil, 50 g d'olives noires dénoyautées, 5 tomates coupées en dés, 2 c. à s. d'huile d'olive vierge extra et un peu de zeste d'orange râpé. Servez la salade de penne avec les steaks d'espadon.

30 MINUTES

Penne au brocoli, au piment et à l'ail

Pour 4 personnes

1 brocoli
3 c. à s. d'huile d'olive
4 gousses d'ail émincées
1 piment rouge épépiné (facultatif) et émincé
400 g de penne complets
le jus et le zeste râpé de ½ citron
sel et poivre

- Détaillez le brocoli en petits bouquets, disposez-les sur une plaque de cuisson, arrosez-les de 2 cuillérées à soupe d'huile, puis assaisonnez-les. Faites-les griller 20 minutes au four préchauffé à 190 °C.
- Ajoutez l'ail et le piment, puis remettez au four pour 2 minutes.
- Pendant ce temps, faites cuire les penne al dente dans une casserole d'eau bouillante, en suivant les instructions du paquet. Égouttez-les et remettez-les dans la casserole. Incorporez le zeste et le jus de citron à votre convenance.
- Incorporez le brocoli, l'ail et le piment, puis assaisonnez. Arrosez du reste de l'huile et servez aussitôt.

---

10 MINUTES

Penne au brocoli, huile pimentée à l'ail Faites cuire les penne. Ajoutez 1 brocoli en bouquets 4 à 5 minutes avant la fin de la cuisson. Pendant ce temps, faites chauffer 3 c. à s. d'huile d'olive dans une poêle et faites revenir 1 à 2 minutes le piment, l'ail et le zeste de citron. Égouttez les pâtes et le brocoli, remettez-les dans la casserole, incorporez l'huile pimentée et du jus de citron, puis servez.

---

20 MINUTES

Penne au brocoli grillé, au piment et à l'ail Faites cuire les penne et égouttez-les. Pendant ce temps, faites cuire 1 brocoli en bouquets pendant 2 minutes à l'eau bouillante. Égouttez-le et séchez-le avec du papier absorbant, puis mélangez-le avec 1 c. à s. d'huile d'olive, 1 gousse d'ail écrasée et 1 pincée de flocons de piment séché. Faites chauffer une poêle-gril et faites griller le brocoli quelques minutes. Mélangez le brocoli avec les pâtes, puis ajoutez un peu de jus de citron. Servez aussitôt.

30 MINUTES

Gratin de macaronis à la tomate

Pour 4 personnes
400 g de macaronis
2 c. à s. de farine de maïs
500 ml de lait
250 g de tofu soyeux
150 g de gruyère râpé
15 g de parmesan râpé
1 grosse tomate coupée en rondelles
sel et poivre

- Faites cuire les macaronis al dente selon les instructions de l'emballage.
- Pendant ce temps, mettez la farine de maïs dans une petite casserole et incorporez 4 cuillerées à soupe de lait, en fouettant jusqu'à obtention d'un mélange lisse. Incorporez progressivement le reste du lait, puis portez à ébullition et laissez mijoter jusqu'à épaississement.
- Mixez le tofu jusqu'à obtention d'une pâte lisse. Ajoutez la sauce à base de lait et mixez bien. Incorporez la majeure partie du gruyère et du parmesan, puis assaisonnez.
- Égouttez les pâtes, puis incorporez la sauce. Mettez le tout dans un plat à gratin, saupoudrez uniformément du reste du fromage et garnissez de rondelles de tomates.
- Faites gratiner 15 minutes au four préchauffé à 190 °C.

10 MINUTES

Chifferis fromagers à la tomate Faites cuire et égouttez 400 g de chifferis selon les instructions de l'emballage, en réservant un peu d'eau de cuisson. Pendant ce temps, mélangez 6 c. à s. de fromage à tartiner allégé et 1 grosse poignée de parmesan râpé dans un bol. Incorporez cette préparation aux pâtes, en délayant avec un peu d'eau de cuisson si nécessaire, ajoutez 2 tomates bien mûres coupées en petits dés, puis servez.

20 MINUTES

Gratin de macaronis aux tomates séchées Faites cuire les macaronis et égouttez-les. Pendant ce temps, préparez la sauce au tofu comme ci-dessus. Incorporez cette sauce aux pâtes, puis ajoutez 5 tomates séchées à l'huile, égouttées et coupées en petits dés, et 1 poignée de feuilles de basilic. Versez le tout dans un plat à gratin, saupoudrez uniformément de 1 poignée de chapelure et d'un peu de parmesan, et faites gratiner quelques minutes sous le gril préchauffé à puissance élevée.

Entre amis

Recettes par temps de préparation

30 MINUTES

20 MINUTES

10 MINUTES

20 MINUTES

Bouillon aux tomates et aux palourdes

Pour 4 personnes

150 g de tomates
2 c. à s. d'huile d'olive
2 gousses d'ail hachées
150 ml de vin blanc sec
2 litres de bouillon de poulet ou de poisson chaud
5 tomates séchées à l'huile, égouttées et coupées en petits dés
200 g d'anellinis
1 kg de palourdes nettoyées
sel et poivre
un peu de persil plat ciselé pour décorer
quelques quartiers de citron et du pain croustillant

- Incisez en croix le dessus des tomates, mettez-les dans un bol et couvrez-les d'eau bouillante. Attendez 1 à 2 minutes avant de retirer la peau. Coupez-les en deux, évidez-les et taillez-les en dés.
- Faites chauffer l'huile d'olive dans un faitout et faites dorer l'ail 30 secondes. Ajoutez le vin et faites chauffer 5 minutes, jusqu'à ce que le liquide ait légèrement réduit. Versez le bouillon, puis portez à ébullition. Ajoutez les tomates séchées et les tomates fraîches, assaisonnez et laissez mijoter 5 minutes.
- Ajoutez les pâtes et les palourdes, couvrez et poursuivez la cuisson 5 minutes, jusqu'à ce que les palourdes soient ouvertes (jetez celles qui sont restées fermées). Assaisonnez.
- Servez le bouillon dans des bols, décoré de persil. Accompagnez de quartiers de citron et de pain.

---

10 MINUTES

Spaghettis aux palourdes Faites chauffer un peu d'huile d'olive dans une sauteuse et faites revenir 1 gousse d'ail et 1 piment rouge hachés 1 minute. Ajoutez 75 ml de vin blanc sec et les palourdes comme ci-dessus. Couvrez et laissez mijoter 5 minutes, jusqu'à ce que les palourdes s'ouvrent (jetez celles qui sont restées fermées). Faites cuire 400 g de spaghettis al dente, selon les instructions du paquet. Égouttez-les, puis incorporez les palourdes et le liquide de cuisson, 3 c. à s. de crème fraîche et 1 poignée de persil plat frais ciselé.

30 MINUTES

Linguine aux palourdes grillées Faites chauffer un peu d'huile d'olive dans une poêle, puis faites revenir quelques minutes 1 échalote émincée et 1 piment rouge épépiné et haché. Ajoutez 75 ml de vin blanc sec et 1 pincée de pistils de safran. Laissez mijoter 5 minutes, jusqu'à réduction. Ajoutez 200 ml de bouillon de poisson et laissez mijoter 10 minutes de plus, jusqu'à réduction. Déposez 1 kg de palourdes nettoyées sur la grille d'un barbecue. Faites-les griller 5 à 7 minutes, déposez-les sur une feuille de papier de cuisson lorsqu'elles s'ouvrent, et agrémentez-les d'un peu de beurre à l'ail. Jetez celles qui sont restées fermées. Faites-les griller 5 minutes de plus au barbecue, jusqu'à ce que le beurre commence à fondre. Pendant ce temps, faites cuire 400 g de linguine al dente, selon les instructions du paquet. Égouttez-les et incorporez la sauce. Servez les linguine garnies de palourdes grillées.

30 MINUTES

Linguine au sashimi de thon et à la roquette

Pour 2 personnes

150 g de steak de thon très frais
200 g de linguine
2 c. à s. d'huile d'olive vierge extra + un peu pour assaisonner
le jus de ½ citron
50 g de roquette
sel et poivre
copeaux de parmesan pour décorer

- Enveloppez le thon dans du film alimentaire, en serrant bien, mettez-le pour 20 minutes au congélateur, puis coupez-le en tranches très fines à l'aide d'un couteau bien aiguisé.
- Pendant ce temps, faites cuire les linguine al dente dans une casserole d'eau bouillante salée, selon les instructions du paquet. Égouttez-les et remettez-les dans la casserole, puis incorporez le thon, 1 cuillerée à soupe d'huile d'olive et 1 cuillerée à soupe de jus de citron.
- Dans un saladier, mélangez la roquette, le reste du jus de citron et 1 cuillerée à soupe d'huile, puis assaisonnez.
- Servez les pâtes dans des assiettes creuses et garnissez-les de salade de roquette. Relevez le tout de poivre noir du moulin. Décorez de copeaux de parmesan et arrosez du reste de l'huile d'olive.

---

10 MINUTES

Linguine au thon et à la roquette Faites cuire les linguine. Pendant ce temps, dans un bol, mélangez 1 jaune d'œuf, le jus et le zeste râpé de 1 citron, et 1 gousse d'ail écrasée. Dans la casserole, mélangez les pâtes avec la préparation à l'œuf, 160 g de thon en conserve, égoutté et émietté, 1 poignée de câpres rincées et égouttées, et 50 g de roquette. Servez.

20 MINUTES

Linguine au thon grillé et à la roquette Faites cuire les linguine. Pendant ce temps, badigeonnez 1 gros steak de thon d'un peu d'huile d'olive, salez et poivrez. Faites chauffer une poêle-gril jusqu'à ce qu'elle fume et saisissez le steak de thon 3 à 5 minutes de chaque côté, de façon qu'il soit grillé à l'extérieur et rosé à l'intérieur. Attendez quelques minutes avant de le couper en grosses tranches. Mélangez 50 g de roquette avec un peu de jus de citron et d'huile d'olive. Incorporez les tranches de thon et la roquette aux pâtes. Servez décoré de copeaux de parmesan.

10 MINUTES

Vermicelles épicés au crabe

Pour 4 personnes
400 g de vermicelles
250 g de chair de crabe blanche fraîche
6 c. à s. de crème fraîche
le zeste râpé et le jus de ½ citron
1 piment rouge épépiné et haché
1 poignée de persil plat ciselé
sel et poivre

- Faites cuire les vermicelles al dente dans une grande casserole d'eau bouillante salée, en suivant les instructions du paquet. Égouttez-les, en réservant un peu d'eau de cuisson, puis remettez-les dans la casserole.
- Incorporez le reste des ingrédients, en délayant avec un peu d'eau de cuisson si nécessaire, et assaisonnez. Servez immédiatement.

20 MINUTES

Vermicelles à la sauce au crabe et au prosciutto Faites chauffer un peu d'huile d'olive dans une poêle et faites blondir 1 échalote hachée, à feu doux. Ajoutez 1 gousse d'ail émincée, faites revenir 1 minute, puis ajoutez 150 g de prosciutto en dés et poursuivez la cuisson quelques minutes, à feu moyen, jusqu'à ce que le prosciutto soit doré. Versez 100 ml de vin blanc sec et laissez cuire jusqu'à réduction. Incorporez la crème fraîche et la chair de crabe comme ci-dessus, et faites chauffer quelques instants. Pendant ce temps, faites cuire et égouttez les vermicelles, puis incorporez la sauce. Servez immédiatement.

30 MINUTES

Vermicelles en sauce au crabe frais Faites cuire 1 crabe dans 1,5 litre de bouillon de légumes et 150 ml de vin blanc (comptez 15 minutes par kilo). Sortez-le du bouillon, cassez la carapace et retirez la chair. Faites cuire 400 g de vermicelles al dente, selon les instructions du paquet. Pendant ce temps, faites fondre un peu de beurre dans une poêle et faites blondir 1 échalote. Ajoutez 2 c. à s. de chair de crabe brune, puis 50 ml de vin blanc sec (ou le liquide de cuisson réduit). Laissez mijoter quelques minutes, puis incorporez la crème fraîche et la chair de crabe blanche, comme ci-dessus. Égouttez les vermicelles et remettez-les dans la casserole. Incorporez la sauce au crabe puis servez.

20 MINUTES

Ricciolis au jambon de Parme, sauce forestière

Pour 6 personnes
25 g de beurre
1 c. à s. d'huile d'olive
1 échalote hachée
1 petite gousse d'ail écrasée
75 ml de vin blanc sec
50 ml de bouillon de poulet chaud
125 ml de crème fraîche épaisse
25 g de parmesan râpé
+ un peu pour décorer
6 tranches de jambon de Parme
400 g d'un mélange de champignons sauvages, parés et coupés en deux s'ils sont gros
625 g de ricciolis al barolo
un peu de basilic frais pour décorer
sel et poivre

- Faites chauffer la moitié du beurre et la moitié de l'huile d'olive dans une casserole et faites blondir l'échalote et l'ail quelques minutes. Versez le vin et laissez cuire à gros bouillons jusqu'à obtention de quelques cuillerées de sirop. Versez le bouillon et faites cuire 5 minutes de plus, puis incorporez la crème et le parmesan, assaisonnez et gardez au chaud.
- Faites chauffer le reste du beurre et de l'huile dans une poêle et saisissez le jambon de Parme 1 à 2 minutes. Retirez-le de la poêle et réservez. Faites sauter les champignons 3 à 5 minutes dans la poêle. Incorporez-les à la sauce au vin blanc.
- Pendant ce temps, faites cuire les ricciolis al dente dans une casserole d'eau bouillante salée, selon les instructions du paquet. Égouttez et réservez un peu d'eau de cuisson. Incorporez la sauce, en délayant avec de l'eau de cuisson si nécessaire.
- Servez les ricciolis dans des assiettes creuses, décorés de miettes de jambon de Parme, de parmesan et de basilic.

---

10 MINUTES

Ricciolis au pesto et aux champignons Faites cuire 625 g de ricciolis. Pendant ce temps, faites sauter les champignons comme ci-dessus, dans un peu d'huile d'olive. Égouttez les pâtes et remettez-les dans la casserole. Incorporez les champignons et 6 c. à s. de pesto frais du commerce. Parsemez de 1 poignée de pignons de pin grillés et servez.

---

30 MINUTES

Ricciolis forestiers aux poireaux Faites chauffer un peu d'huile d'olive dans une poêle et saisissez 150 g de pancetta en dés 5 minutes, à feu vif. À feu réduit, ajoutez 4 poireaux émincés, 1 c. à s. de feuilles de thym et un peu d'eau, et laissez cuire 15 minutes à feu doux, jusqu'à ce qu'ils soient légèrement caramélisés. Incorporez 5 c. à s. de crème fraîche épaisse et 100 g de taleggio en dés pour former une sauce. Mettez les champignons préparés comme ci-dessus dans un plat à fond strié, arrosez-les d'huile d'olive et faites-les griller 5 minutes sous le gril chaud. Faites cuire les ricciolis al barolo. Incorporez les champignons et la sauce, puis servez.

20 MINUTES

Tacconellis à la crème tomate-vodka

Pour 4 personnes
15 g de beurre
8 tranches de pancetta
1 brin de romarin
75 ml de vodka
350 ml de sauce tomate pour pâtes
400 g de tacconellis
150 ml de crème fraîche épaisse
sel et poivre
parmesan râpé

- Faites fondre le beurre dans une petite sauteuse et faites dorer la pancetta 3 minutes. Retirez-la de la sauteuse et gardez-la au chaud. Ajoutez le romarin, retirez du feu et versez la vodka. Remettez la sauteuse sur feu vif et laissez cuire jusqu'à obtention de 1 cuillerée à soupe de sauce. Ajoutez la sauce tomate et laissez mijoter 10 minutes, à feu réduit.
- Pendant ce temps, faites cuire les tacconellis al dente dans une casserole d'eau bouillante salée, selon les instructions du paquet.
- Retirez le romarin de la sauce et incorporez la crème fraîche. Égouttez les pâtes, en réservant un peu d'eau de cuisson, puis remettez-les dans la casserole. Incorporez la sauce, en délayant avec de l'eau de cuisson si nécessaire, et assaisonnez.
- Servez les tacconellis dans des bols, décorés de tranches de pancetta et de parmesan.

---

10 MINUTES

Penne minute aux tomates et à la vodka Faites cuire 500 g de penne frais. Pendant ce temps, faites chauffer un peu d'huile d'olive dans une poêle et faites revenir 3 c. à s. de purée de tomate 30 secondes. Ajoutez 100 g de tomates olivettes et 2 c. à s. de vodka, laissez cuire quelques minutes, puis incorporez 150 ml de crème fraîche. Égouttez les pâtes, mélangez-les à la sauce, puis servez.

30 MINUTES

Penne aux tomates rôties et à la vodka Mettez 150 g de tomates olivettes coupées en deux dans un plat, arrosez-les d'un peu d'huile d'olive et assaisonnez-les. Faites-les rôtir 20 à 25 minutes au four préchauffé à 150 °C. Pendant ce temps, faites cuire les penne. Faites chauffer 50 ml de vodka dans une petite casserole et laissez bouillonner jusqu'à obtention de 1 c. à s. de liquide. Ajoutez 75 ml de crème fraîche épaisse et 25 g de parmesan râpé. Égouttez les pâtes et remettez-les dans la casserole. Incorporez la sauce, les tomates rôties et 1 poignée de feuilles de basilic ciselées. Servez.

20 MINUTES

Pâtes au saumon et aux courgettes

Pour 4 personnes
150 ml de vin blanc sec
150 g de crème fraîche
un peu de jus de citron
1 poignée d'aneth ciselé
12 feuilles de lasagne
2 courgettes
4 filets de saumon fumé à chaud
3 oignons de printemps émincés
sel et poivre

- Dans une petite casserole, portez le vin à ébullition et laissez-le bouillir 5 minutes, jusqu'à réduction de moitié. Ajoutez la crème fraîche, un peu de jus de citron et la majeure partie de l'aneth. Assaisonnez et mélangez.
- Pendant ce temps, faites cuire les lasagnes dans une grande casserole d'eau bouillante salée, pendant 3 à 5 minutes, puis égouttez-les. À l'aide d'un couteau économe, taillez les courgettes en longs rubans.
- Découpez les lasagnes en gros morceaux et mettez-les dans un saladier. Coupez le saumon en gros morceaux.
- Disposez le saumon, les pâtes et les rubans de courgettes sur des assiettes plates. Arrosez de sauce. Décorez d'oignons de printemps et du reste de l'aneth.

---

10 MINUTES

Fettucine au saumon, à la courgette et aux asperges Faites cuire 400 g de fettucine al dente, selon les instructions du paquet, en ajoutant 200 g de pointes d'asperges 3 minutes avant la fin de la cuisson. Égouttez et remettez dans la casserole. Incorporez 2 filets de saumon fumé à chaud, émiettés, le zeste râpé de 1 citron et 100 g de crème fraîche. Servez, garni de 1 courgette taillée en rubans.

---

30 MINUTES

Lasagnes au saumon et aux courgettes Prenez 12 feuilles de lasagne fraîches et préparez-les si nécessaire, en suivant les instructions de l'emballage. Préparez la sauce au vin comme ci-dessus, puis incorporez les filets de saumon émiettés et 2 courgettes râpées. Dans un plat à gratin, confectionnez des lasagnes avec la sauce et les feuilles de pâte, en terminant par une couche de pâte à lasagne. Dans un bol, mélangez 200 g de crème fraîche et 100 g de ricotta, et délayez le tout avec du lait de façon à obtenir une sauce. Versez cette sauce sur les lasagnes, ajoutez 25 g de parmesan râpé, puis faites gratiner 15 minutes au four préchauffé à 200 °C.

30 MINUTES

Raviolis aux tomates séchées et au chèvre

Pour 2 personnes
1 grande feuille de pâte à pâtes fraîches ou 24 morceaux de pâte à gyozas ou à wontons
farine
1 jaune d'œuf

Garniture
150 g de fromage de chèvre frais
100 g de mascarpone
3 tomates séchées à l'huile, égouttées et coupées en petits dés
sel et poivre

Huile au basilic
50 g de feuilles de basilic
75 ml d'huile d'olive vierge extra

- Pour préparer la garniture, mélangez le chèvre, le mascarpone et les tomates dans un bol, et assaisonnez.
- Pour préparer l'huile au basilic, mixez le basilic et l'huile dans un petit robot ou un mixeur, puis passez la préparation au chinois et récupérez l'huile verte.
- Disposez la pâte à pâtes fraîches sur plan de travail légèrement fariné. Découpez 24 disques avec un emporte-pièce de 5 cm de diamètre. Déposez 1 grosse cuillerée à soupe de garniture au centre d'un disque et badigeonnez d'œuf les contours. Badigeonnez les bords d'un autre disque et collez-le au premier, sur la garniture. Pressez les bords du bout des doigts pour faire sortir l'air et sceller le ravioli. Déposez-le sur une plaque de cuisson légèrement farinée. Répétez l'opération avec le reste de la pâte et de la garniture.
- Dans une grande casserole d'eau bouillante salée, faites cuire les raviolis 3 minutes environ. Retirez-les avec une écumoire. Servez les raviolis arrosés d'huile au basilic.

---

10 MINUTES

Tortellonis au fromage et au pesto de tomates séchées Mixez 1 poignée de feuilles de basilic, 25 g de pignons de pin grillés, 5 tomates séchées à l'huile, égouttées, 15 g de parmesan râpé et 3 c. à s. d'huile d'olive au robot ou au mixeur, jusqu'à obtention d'un pesto. Faites cuire 250 g de tortellonis au fromage selon les instructions de l'emballage. Égouttez-les et remettez-les dans la casserole. Incorporez le pesto et servez aussitôt.

20 MINUTES

Penne au chèvre et aux tomates Faites chauffer un peu d'huile d'olive dans une poêle et faites blondir 1 oignon haché, à feu doux. Ajoutez 1 gousse d'ail hachée, 400 g de tomates en conserve, et laissez mijoter 15 minutes. Pendant ce temps, faites cuire 400 g de penne al dente, selon les instructions de l'emballage. Écrasez 100 g de fromage de chèvre frais dans un bol, incorporez un peu de sauce tomate et mélangez jusqu'à ce que le fromage fonde. Ajoutez 150 g de pousses d'épinard déchiquetées et 75 g d'olives noires dénoyautées à la sauce tomate, puis le fromage de chèvre. Égouttez les penne, remettez-les dans la casserole, puis incorporez la sauce. Servez parsemé de fromage de chèvre émietté.

30 MINUTES

Tagliatelles à la courgette et aux anchois, côtelettes d'agneau

Pour 4 personnes

25 g de beurre
50 ml d'huile d'olive
+ un peu pour la courgette et les côtelettes
4 gousses d'ail écrasées
8 filets d'anchois à l'huile, égouttés
1 brin de romarin effeuillé et ciselé
1 courgette coupée en fines rondelles
8 côtelettes d'agneau
400 g de tagliatelles
1 poignée de persil plat ciselé
sel et poivre

- Faites fondre le beurre dans une poêle, ajoutez l'huile d'olive et l'ail, et faites cuire 5 minutes à feu doux (l'ail ne doit pas brûler). Ajoutez les anchois et le romarin, et faites cuire quelques minutes, en écrasant les anchois avec le dos d'une cuillère.
- Faites chauffer une poêle-gril jusqu'à ce qu'elle fume. Badigeonnez les rondelles de courgette d'un peu d'huile et faites-les griller 3 minutes de chaque côté. Sortez-les et gardez-les au chaud. Badigeonnez les côtelettes d'un peu d'huile et assaisonnez-les. Faites-les griller 5 à 7 minutes, retournez-les, puis faites-les griller 5 minutes de l'autre côté.
- Faites cuire les tagliatelles al dente dans une casserole d'eau bouillante salée, selon les instructions du paquet. Égouttez-les, en réservant un peu d'eau de cuisson, puis remettez-les dans la casserole. Incorporez l'huile à l'ail et aux anchois, en délayant avec un peu d'eau de cuisson si nécessaire, puis ajoutez la courgette et le persil. Dressez sur des assiettes avec les côtelettes.

---

10 MINUTES

Tagliatelles express aux courgettes et aux anchois Faites cuire les tagliatelles. Dans une poêle chaude huilée, faites revenir 2 gousses d'ail hachées pendant 30 secondes, ajoutez 6 filets d'anchois à l'huile, égouttés, et faites cuire 2 minutes, en les écrasant avec le dos d'une cuillère. Ajoutez 50 ml de crème fraîche épaisse et faites chauffer. Incorporez 2 courgettes râpées et la sauce aux pâtes. Servez.

20 MINUTES

Tagliatelles à l'agneau, sauce aux anchois Découpez 300 g de côtelettes d'agneau en lanières. Faites chauffer un peu d'huile d'olive dans une poêle et saisissez l'agneau, à feu vif, jusqu'à ce qu'il soit doré et cuit à point. Retirez de la poêle et réservez. Faites cuire l'ail et les anchois dans la poêle comme ci-dessus. Pendant ce temps, faites cuire les tagliatelles en suivant les instructions de l'emballage et égouttez-les. Égouttez 1 poivron rouge grillé en bocal et coupez-le en lanières. Mélangez le poivron, l'agneau et l'huile à l'anchois avec les pâtes. Servez aussitôt.

20 MINUTES

Spaghettis du pêcheur au fenouil

Pour 4 personnes
3 c. à s. d'eau bouillante
½ c. à c. de pistils de safran
15 g de beurre
1 bulbe de fenouil émincé
50 ml de vin blanc sec
450 g de moules débarrassées de leur barbe et lavées
150 g de crème fraîche
1 c. à s. d'huile d'olive
300 g de filet de lotte débarrassé de ses arêtes et coupé en tranches de 1,5 cm d'épaisseur
400 g de spaghettis
sel et poivre
quelques feuilles d'estragon ciselées pour décorer

- Versez l'eau sur le safran dans un bol résistant à la chaleur et laissez infuser.
- Faites fondre le beurre dans un faitout et faites revenir le fenouil 5 minutes, à feu moyen. Ajoutez le vin, le safran avec l'eau de trempage et les moules. Couvrez et laissez cuire 5 minutes, jusqu'à ce que les moules s'ouvrent (jetez celles qui sont restées fermées). Incorporez la crème fraîche et assaisonnez.
- Pendant ce temps, faites chauffer l'huile d'olive dans une poêle et, à feu vif, faites dorer les morceaux de lotte 3 minutes de chaque côté. Incorporez le poisson à la sauce aux moules.
- Pendant la cuisson de la sauce, faites cuire les spaghettis al dente dans une grande casserole d'eau bouillante salée, selon les instructions de l'emballage. Égouttez et réservez un peu d'eau de cuisson. Incorporez la sauce, en délayant avec de l'eau de cuisson si nécessaire, et assaisonnez.
- Dressez dans des assiettes creuses et décorez d'estragon.

---

10 MINUTES

Spaghettis express à la lotte
Sous le gril chaud, faites cuire la lotte préparée comme ci-dessus 3 à 5 minutes de chaque côté. Pendant ce temps, faites cuire les spaghettis. Incorporez le poisson, 1 tomate en dés, ½ piment rouge épépiné et haché, un peu de jus de citron et 1 poignée de persil plat ciselé. Servez.

---

30 MINUTES

Spaghettis et lotte à la pancetta Coupez 1 morceau de lotte de 400 g coupé en deux dans la longueur, en retirant les éventuelles arêtes. Empilez une moitié sur l'autre, puis enveloppez le tout dans 8 tranches de pancetta. Faites griller 7 à 10 minutes sous le gril du four à puissance élevée, retournez et faites griller 7 à 10 minutes de plus. Pendant ce temps, préparez le safran comme ci-dessus, en le laissant infuser 10 minutes, puis incorporez 50 ml de crème fraîche épaisse. Faites cuire les spaghettis. Coupez le rouleau de lotte en tranches, en ajoutant le jus de cuisson à la sauce au safran. Incorporez la sauce aux pâtes. Servez avec des bouchées de lotte.

30 MINUTES

Radiatore aux saucisses

Pour 4 personnes

4 c. à s. d'huile d'olive
6 grosses saucisses de porc
2 oignons émincés
2 poivrons rouges + 2 poivrons jaunes, épépinés et coupés en lanières
1 gousse d'ail écrasée
1 c. à s. de concentré de tomate
2 c. à c. de sucre
1 c. à s. de vinaigre balsamique
3 grosses tomates coupées en petits dés
2 c. à s. d'eau
1 poignée de feuilles de basilic ciselées + un peu pour décorer
400 g de radiatore
sel et poivre

- Huilez un plat à gratin avec 1 cuillerée à soupe d'huile d'olive. Déposez les saucisses dans le plat et faites-les cuire 20 à 25 minutes au four préchauffé à 200 °C.
- Pendant ce temps, faites chauffer le reste de l'huile dans une cocotte et faites blondir les oignons 5 minutes. Ajoutez les poivrons, l'ail, le concentré de tomate, le sucre, le vinaigre, les tomates et l'eau. Couvrez et laissez mijoter 15 minutes. Ôtez le couvercle et faites cuire 5 minutes de plus. Incorporez le basilic et assaisonnez.
- Pendant la cuisson des saucisses et des poivrons, faites cuire les radiatore al dente dans une casserole d'eau bouillante salée, selon les instructions du paquet. Égouttez-les, en réservant un peu d'eau de cuisson, puis remettez-les dans la casserole.
- Coupez les saucisses en grosses rondelles. Incorporez les saucisses et les poivrons aux pâtes, en mouillant avec de l'eau de cuisson si nécessaire. Assaisonnez. Dressez dans des assiettes creuses et décorez de basilic ciselé.

---

10 MINUTES

Fusillis aux saucisses et au chou Faites cuire ½ chou taillé en lanières 10 minutes à la vapeur. Pendant ce temps, faites cuire 400 g de fusillis al dente, selon les instructions du paquet. Égouttez-les et remettez-les dans la casserole. Incorporez le chou, 3 saucisses fumées coupées en rondelles, 1 noix de beurre et 25 g de parmesan râpé. Servez aussitôt.

20 MINUTES

Radiatore aux saucisses à l'espagnole Badigeonnez 4 poivrons rouges de 2 c. à s. d'huile d'olive et faites-les griller 10 minutes sous le gril très chaud, en les retournant souvent. Mettez-les dans un sac plastique alimentaire, fermez-les et attendez 5 minutes. Retirez la peau, coupez-les en deux, épépinez-les, puis taillez-les en lanières. Pendant ce temps, faites cuire les radiatore. Faites chauffer 1 c. à s. d'huile d'olive dans une poêle et faites dorer 150 g de rondelles de chorizo quelques minutes. Ajoutez les poivrons et un peu d'eau, assaisonnez et laissez cuire quelques minutes. Égouttez les pâtes et remettez-les dans la casserole. Incorporez le chorizo et les poivrons, puis servez avec des copeaux de manchego.

20 MINUTES

Salade de fregole chaudes au bar grillé

Pour 4 personnes
2 c. à s. d'huile d'olive
4 petits filets de bar débarrassés de leurs arêtes
300 g de fregole
un peu de jus de citron
75 g de tomates séchées à l'huile, égouttées et taillées en petits dés
50 g d'olives noires dénoyautées
sel et poivre

Huile au basilic
100 ml d'huile d'olive vierge extra
1 grosse poignée de feuilles de basilic ciselées
1 gousse d'ail

- Pour préparer l'huile au basilic, mélangez l'huile, le basilic et l'ail dans une petite casserole, et faites chauffer 10 minutes, à feu doux. Laissez refroidir puis passez au chinois.
- Faites chauffer l'huile d'olive dans une poêle et, à feu vif, faites dorer les filets de bar côté peau pendant 5 à 7 minutes. Retournez-les, assaisonnez-les et laissez-les cuire 3 à 5 minutes de plus, jusqu'à ce que le poisson soit opaque. Coupez chaque filet en deux.
- Pendant ce temps, faites cuire les fregole al dente dans une casserole d'eau bouillante salée, selon les instructions du paquet. Égouttez-les. Incorporez 2 cuillerées à soupe d'huile au basilic, du jus de citron, les tomates séchées et les olives. Assaisonnez.
- Dressez la salade de fregole et le poisson sur des assiettes. Arrosez du reste de l'huile au basilic.

10 MINUTES

Fregole en sauce au bar sauté et aux olives Faites cuire les fregole. Pendant ce temps, découpez 4 filets de bar sans arêtes en fines lanières et faites-les sauter dans un peu d'huile d'olive 3 minutes de chaque côté. Égouttez les pâtes et remettez-les dans la casserole. Incorporez 4 c. à s. de pesto frais du commerce et 1 poignée d'olives noires dénoyautées. Dressez les pâtes dans des assiettes creuses, garnissez-les de poisson et de 1 tomate coupée en petits dés. Servez aussitôt.

30 MINUTES

Fregole tomates-olives au bar poché Mélangez 1 c. à s. de vinaigre de vin rouge et 1 gousse d'ail écrasée dans un bol, incorporez 5 tomates coupées en dés et laissez mariner le tout au moins 20 minutes. Pendant ce temps, hachez 1 oignon, 1 bâton de céleri et 1 carotte, mettez le tout dans une poêle, puis ajoutez quelques grains de poivre, 1 feuille de laurier, 1 citron coupé en rondelles et environ 1 litre d'eau. Portez à ébullition, réduisez le feu et laissez mijoter 10 minutes. Ajoutez 4 filets de bar sans arêtes et laissez-les cuire 10 minutes. Pendant ce temps, faites cuire les fregole et égouttez-les. Retirez la peau du poisson, émiettez-le et mélangez-le aux pâtes, puis ajoutez les tomates coupées en dés, 1 poignée de feuilles de basilic ciselé et 1 poignée d'olives noires dénoyautées. Servez aussitôt.

10 MINUTES

Spaghettis noirs au piment et aux calamars

Pour 4 personnes
400 g de spaghettis à l'encre de seiche
4 c. à s. d'huile d'olive + un peu pour servir
400 g de calamars préparés, nettoyés et taillés en anneaux
4 gousses d'ail émincées
1 piment rouge épépiné (facultatif) et émincé
le jus de 1 citron
1 poignée de basilic ciselé
sel et poivre

- Faites cuire les spaghettis al dente selon les instructions de l'emballage.
- Pendant ce temps, faites chauffer l'huile d'olive dans une poêle. Séchez les calamars avec du papier absorbant, puis saisissez-les 30 secondes à feu vif. Ajoutez l'ail et le piment, et poursuivez la cuisson quelques secondes ; l'ail ne doit pas brûler, les calamars doivent être blancs et cuits à point. Ajoutez le jus de citron et assaisonnez.
- Égouttez les pâtes et remettez-les dans la casserole. Incorporez les calamars et le basilic, ajoutez de l'huile d'olive à votre convenance. Servez aussitôt.

---

20 MINUTES

Spaghettis noirs au citron et aux calamars Faites chauffer un peu de beurre dans une cocotte et faites revenir 1 échalote hachée et 3 gousses d'ail émincées. Ajoutez le jus de 1 citron, puis, à feu doux, incorporez 50 g de dés de beurre froid, à l'aide d'un fouet. Ajoutez 1 poignée de basilic ciselé et réservez. Faites cuire les spaghettis noirs. Coupez en deux 8 petits calamars préparés et nettoyés. Faites des incisions en croisillons sur chaque morceau et frottez-les d'huile d'olive et de sel. Faites-les griller 2 minutes dans une poêle-gril. Égouttez les pâtes et incorporez la sauce au citron. Servez les spaghettis avec les calamars. Décorez de flocons de piment séché et de basilic ciselé.

30 MINUTES

Papillotes du pêcheur aux spaghettis noirs Faites cuire les spaghettis à l'encre de seiche 5 minutes dans une grande casserole d'eau bouillante salée, puis égouttez-les, rincez-les à l'eau froide et égouttez-les de nouveau. Pendant ce temps, faites revenir le piment et l'ail dans une grande poêle huilée comme ci-dessus, ajoutez 50 ml de vin blanc sec et faites chauffer quelques minutes. Ajoutez 4 tomates coupées en dés, 150 g de palourdes nettoyées et 150 g de moules débarrassées de leur barbe et nettoyées, couvrez et poursuivez la cuisson 5 minutes, jusqu'à ce que les coquillages s'ouvrent (jetez ceux qui restent fermés). Ajoutez les calamars préparés comme ci-dessus et les spaghettis, puis assaisonnez. Répartissez la préparation sur 4 gros carrés de papier d'aluminium, soulevez les coins et repliez-les vers le centre afin de former 4 papillotes. Déposez-les sur une plaque de cuisson et laissez-les cuire 10 minutes au four préchauffé à 200 °C. Ouvrez les papillotes à l'aide d'un couteau et décorez-les de basilic ciselé.

30 MINUTES

Gnocchetti sardi au chevreuil et aux châtaignes

Pour 4 personnes

1 c. à s. d'huile d'olive
6 grosses saucisses de chevreuil
1 gousse d'ail hachée
1 brin de romarin
1 c. à c. de concentré de tomate
75 ml de vin rouge
100 ml de bouillon de poulet ou de gibier chaud
100 g de châtaignes cuites pelées du commerce, coupées en deux
400 g de gnocchetti sardi
75 ml de crème fraîche épaisse
sel et poivre
quelques brins de persil plat ciselé pour décorer

- Faites chauffer l'huile d'olive dans une poêle et faites dorer les saucisses à feu moyen. Retirez-les de la poêle, laissez-les refroidir et coupez-les en rondelles. Faites revenir quelques minutes l'ail, le romarin et le concentré de tomate dans la même poêle, en remuant.
- Versez le vin et laissez bouillonner jusqu'à réduction de moitié. Ajoutez le bouillon, les rondelles de saucisse puis les châtaignes, et laissez mijoter 20 minutes pour que les saucisses soient bien cuites.
- Pendant ce temps, faites cuire les pâtes al dente, en suivant les instructions du paquet. Égouttez-les, en réservant un peu d'eau de cuisson, puis remettez-les dans la casserole. Incorporez la crème fraîche à la sauce et assaisonnez-la. Faites-la chauffer avant de l'incorporer aux pâtes, en ajoutant de l'eau de cuisson si nécessaire. Dressez dans des assiettes creuses et décorez de persil.

---

10 MINUTES

Fusillis aux châtaignes et au lard fumé Faites cuire 400 g de fusillis al dente, selon les instructions du paquet. Pendant ce temps, faites griller 4 tranches de lard fumé 7 minutes sous le gril préchauffé à puissance moyenne, puis coupez-les en morceaux de la taille d'une bouchée. Faites chauffer un peu d'huile d'olive dans une poêle et faites revenir 1 gousse d'ail hachée 30 secondes. Ajoutez les châtaignes grossièrement hachées, 50 ml de bouillon de poulet chaud et 50 ml de crème fraîche épaisse, et laissez mijoter le tout 5 minutes. Égouttez les pâtes et remettez-les dans la casserole, puis incorporez la sauce à la châtaigne, le lard fumé et 1 poignée de persil plat ciselé. Servez aussitôt.

20 MINUTES

Gnocchetti sardi aux foies de volaille Coupez 200 g de foies de volaille en petits dés, en retirant les membranes. Dans une poêle chaude huilée, faites revenir 2 gousses d'ail hachées 30 secondes, ajoutez les foies de volaille et laissez-les dorer 3 minutes, jusqu'à ce qu'ils soient bien cuits. Versez 75 ml de vin blanc sec et prolongez la cuisson jusqu'à réduction. Faites cuire et égouttez les gnocchetti sardi. Incorporez les foies de volaille et 1 poignée de parmesan râpé. Servez aussitôt.

30 MINUTES

Cannellonis au chou-fleur et au bleu

Pour 8 personnes

1 chou-fleur détaillé en bouquets
40 g de noix
12 feuilles de pâte à lasagnes fraîche
200 g de fromage frais à tartiner
150 g de fromage bleu du type gorgonzola
un peu d'huile
250 g de crème fraîche
5 c. à s. de lait
25 g de parmesan râpé
sel et poivre
salade de cresson pour accompagner

- Faites cuire le chou-fleur 7 à 10 minutes dans une casserole d'eau bouillante. Égouttez-le rapidement, remettez-le dans la casserole, réduisez-le en purée grossière et laissez refroidir quelques instants.
- Dans une petite poêle, faites griller les noix 3 minutes à sec, puis concassez-les grossièrement. Si nécessaire, préparez les feuilles de lasagne selon les instructions de l'emballage.
- Mélangez le chou-fleur, le fromage à tartiner et le bleu dans un saladier. Déposez un peu de garniture sur un des côtés long de chaque feuille, formez des cannellonis et rangez-les dans un plat à gratin huilé.
- Mélangez la crème fraîche et le lait dans un bol, assaisonnez et versez cette crème sur les cannellonis. Parsemez de parmesan et de noix.
- Faites gratiner 10 à 15 minutes au four préchauffé à 200 °C. Servez avec une salade de cresson.

---

10 MINUTES

Penne au chou-fleur et au bleu Faites cuire 1 chou-fleur à l'eau comme ci-dessus, en ajoutant 500 g de penne frais ; le chou-fleur doit être tendre et les pâtes al dente. Ajoutez 200 g de pousses d'épinard dans la casserole juste avant d'égoutter. Égouttez les ingrédients et remettez-les dans la casserole, puis incorporez 150 g de bleu et 1 grosse cuillerée de crème fraîche. Servez.

20 MINUTES

Soupe de ditalinis au chou-fleur et au bleu Faites chauffer un peu d'huile d'olive dans une grande casserole et faites cuire à feu doux le chou-fleur préparé comme ci-dessus et 1 petit oignon haché pendant 5 à 10 minutes. Versez 600 ml de bouillon de légumes chaud et portez à ébullition. Réduisez le feu et laissez mijoter 10 minutes. Hors du feu, mixez le tout avec un mixeur plongeant, remettez sur le feu, puis ajoutez 1 grosse cuillerée de crème fraîche et 100 g de bleu en dés. Pendant ce temps, faites cuire 125 g de ditalinis selon les instructions du paquet. Égouttez-les, puis ajoutez-les à la soupe et poursuivez la cuisson 1 minute. Mixez 100 g de cresson, 25 g de noix, 25 g de parmesan râpé et 3 c. à s. d'huile d'olive vierge extra jusqu'à obtention d'un pesto. Servez la soupe dans des bols et garnissez-la de pesto.

30 MINUTES

Mafaldine au canard et à la pancetta

Pour 4 personnes

3 c. à s. d'huile d'olive
1 oignon haché
1 carotte pelée et coupée en petits dés
1 bâton de céleri coupé en petits dés
1 gousse d'ail écrasée
1 c. à s. de concentré de tomate
75 ml de vin blanc sec
400 g de tomates concassées en conserve
2 lanières de zeste d'orange
200 ml d'eau
1 feuille de laurier
1 brin de thym
100 g de pancetta coupée en petits dés
4 cuisses de canard confites
400 g de mafaldine
sel et poivre

- Faites chauffer 2 cuillerées à soupe d'huile d'olive dans une cocotte et faites revenir l'oignon, la carotte et le céleri pendant 5 minutes. Incorporez l'ail et le concentré de tomate, et faites revenir 1 minute.
- Versez le vin et faites bouillonner quelques minutes jusqu'à réduction. Ajoutez les tomates, le zeste d'orange, l'eau, le laurier et le thym, portez à ébullition et laissez cuire 15 minutes.
- Retirez du feu. Ôtez le zeste d'orange, le laurier et le thym, puis mixez le tout jusqu'à obtention d'une sauce lisse et remettez sur le feu.
- Pendant ce temps, faites chauffer le reste de l'huile dans une poêle et faites griller la pancetta. Émiettez la chair de canard à l'aide d'une fourchette. Ajoutez le canard et la pancetta à la sauce, et laissez mijoter 5 minutes.
- Pendant la cuisson de la sauce, faites cuire les mafaldine al dente selon les instructions du paquet. Égouttez-les, en réservant un peu d'eau de cuisson, puis remettez-les dans la casserole. Incorporez la sauce, en délayant avec de l'eau de cuisson si nécessaire. Assaisonnez et servez.

---

10 MINUTES

Mafaldine au canard et aux poivrons rouges Faites cuire et égouttez les mafaldine. Pendant ce temps, coupez 4 cuisses de canard confites et 2 poivrons rouges grillés en petits morceaux. Incorporez le canard et les poivrons aux pâtes, puis ajoutez 5 c. à s. de crème fraîche et 125 g de cresson. Servez aussitôt.

20 MINUTES

Mafaldine au confit de canard Piquez la chair de 4 cuisses de canard confites. Faites chauffer un peu d'huile d'olive dans une poêle, ajoutez le canard et 2 gousses d'ail hachées, et faites chauffer 5 minutes à feu moyen. Versez 50 ml de vin blanc sec et 75 ml de bouillon de poulet chaud, laissez cuire 10 minutes jusqu'à réduction, puis incorporez 3 c. à s. de crème fraîche. Pendant ce temps, faites cuire et égouttez les mafaldine, puis incorporez la sauce et 1 grosse poignée de feuilles de roquette. Servez aussitôt.

20 MINUTES

Cappellaccis à la crème d'asperge

Pour 4 personnes
400 g de cappellaccis
1 botte d'asperges parées
15 g de beurre
1 gousse d'ail émincée
150 g d'un mélange champignons sauvages, parés et coupés en deux s'ils sont gros
75 g de crème fraîche
sel et poivre
parmesan en copeaux pour décorer

- Dans une grande casserole d'eau bouillante salée, faites cuire les cappellaccis al dente selon les instructions de l'emballage, en ajoutant les asperges 3 minutes avant la fin de la cuisson.
- Pendant ce temps, faites fondre le beurre dans une poêle et faites dorer l'ail 1 minute, puis ajoutez les champignons et poursuivez la cuisson 5 minutes, jusqu'à ce qu'ils soient tendres et dorés. Incorporez la crème fraîche.
- Égouttez les pâtes et les asperges, en réservant un peu d'eau de cuisson, puis remettez-les dans la casserole. Incorporez la sauce aux champignons, assaisonnez et délayez avec de l'eau de cuisson si nécessaire. Servez dans des assiettes creuses et décorez de parmesan.

---

10 MINUTES

Linguine aux asperges, sauce carbonara citronnée Faites cuire 400 g de linguine al dente, selon les instructions du paquet, en ajoutant les asperges comme ci-dessus. Mélangez 1 œuf, 3 c. à s. de crème fraîche et du jus de citron dans un bol. Égouttez les pâtes et les asperges, puis remettez-les dans la casserole. Incorporez la sauce et servez.

---

30 MINUTES

Gratin de penne aux asperges et au lard Faites cuire 350 g de penne al dente, selon les instructions de l'emballage, en ajoutant les asperges comme ci-dessus. Pendant ce temps, faites griller 5 tranches de lard fumé 10 minutes sous le gril préchauffé à puissance moyenne. Laissez-le refroidir 1 minute et coupez-le en petits morceaux. Égouttez les pâtes et les asperges, puis remettez-les dans la casserole. Mélangez 150 g de fromage de chèvre frais avec assez de lait pour former une sauce onctueuse, puis incorporez cette sauce et le lard aux pâtes égouttées. Versez le tout dans un plat à gratin et recouvrez de 1 poignée de gruyère râpé. Faites gratiner 15 minutes au four préchauffé à 200 °C.

30 MINUTES

Linguine à la crème de marsala, poulet et champignons

Pour 4 personnes

3 c. à s. d'huile d'olive
2 blancs de poulet
1 échalote émincée
150 ml de marsala
150 ml de bouillon de poulet chaud
1 feuille de sauge ciselée
100 ml de crème fraîche épaisse
200 g de champignons de Paris parés (coupez les plus gros en deux)
400 g de linguine
sel et poivre
quelques brins de persil plat ciselé pour décorer

- Faites chauffer 1 cuillerée à soupe d'huile d'olive dans une poêle. Assaisonnez les blancs de poulet et faites-les cuire 5 à 7 minutes de chaque côté.
- Pendant ce temps, faites chauffer 1 cuillerée à soupe d'huile dans un faitout et faites revenir l'échalote quelques minutes, à feu doux. Versez le marsala, augmentez le feu et laissez cuire quelques minutes jusqu'à obtention d'un liquide sirupeux. Ajoutez le bouillon et la sauge, et laissez mijoter 5 minutes. Incorporez la crème, assaisonnez et gardez au chaud.
- Coupez le poulet en lamelles et ajoutez-les à la sauce. Versez le reste de l'huile dans la poêle, faites revenir les champignons 3 à 5 minutes, puis ajoutez-les à la sauce.
- Faites cuire les linguine dans une grande casserole d'eau bouillante salée selon les instructions du paquet. Égouttez-les, en réservant un peu d'eau de cuisson, puis remettez-les dans la casserole. Incorporez la sauce et de l'eau de cuisson si nécessaire. Assaisonnez, décorez de persil et servez.

---

10 MINUTES

Linguine express au poulet et au marsala Faites cuire les linguine. Pendant ce temps, faites fondre un peu de beurre dans une poêle et faites revenir 1 gousse d'ail hachée 30 secondes. Ajoutez les champignons et laissez-les dorer, puis ajoutez 2 blancs de poulet rôti du commerce et un peu de marsala. Laissez cuire quelques minutes. Égouttez les pâtes et remettez-les dans la casserole. Incorporez la préparation au poulet et 4 c. à s. de crème fraîche épaisse. Servez.

---

20 MINUTES

Linguine au poulet poché au marsala Mettez dans une casserole 2 blancs de poulet, 100 ml de marsala et du bouillon de poulet à hauteur, et faites cuire 15 minutes à feu doux. Faites cuire les linguine et les champignons comme ci-dessus. Découpez le poulet en lanières et incorporez-le aux pâtes égouttées, puis ajoutez les champignons, un peu de liquide de pochage (faites-le réduire si vous préférez) et un peu de crème fraîche épaisse. Servez aussitôt.

30 MINUTES

Gratin de macaronis aux crevettes

Pour 6 personnes
3 jaunes d'œufs
le jus de 1 citron
200 g de beurre fondu
100 ml de crème fraîche épaisse
625 g de macaronis
3 c. à s. d'huile d'olive
3 poireaux parés, lavés et émincés
300 g de grosses crevettes cuites décortiquées
sel et poivre

- Mettez les jaunes d'œufs dans un bol résistant à la chaleur posé sur une casserole d'eau frémissante (le fond du bol ne doit pas toucher l'eau). Ajoutez la majeure partie du jus de citron puis versez très lentement le beurre, en fouettant. Dès que la sauce a épaissi, vous pouvez ajouter le beurre un peu plus rapidement. Lorsque la sauce a la consistance d'une mayonnaise, retirez-la de la casserole. Laissez refroidir, assaisonnez et ajoutez du jus de citron. Fouettez la crème fraîche jusqu'à ce que des pics se forment, puis incorporez-la délicatement à la sauce.
- Pendant ce temps, faites cuire les macaronis al dente, selon les instructions du paquet.
- Faites chauffer l'huile dans une sauteuse et faites cuire les poireaux 7 minutes environ avec un peu d'eau. Ajoutez les crevettes et poursuivez la cuisson 2 minutes.
- Égouttez les pâtes, remettez-les dans la casserole, puis incorporez la sauce, les poireaux et les crevettes, et assaisonnez. Versez dans des ramequins et faites gratiner 3 à 5 minutes sous le gril préchauffé à puissance forte.

---

10 MINUTES

Chifferis aux crevettes et aux poireaux Faites cuire les poireaux et les crevettes comme ci-dessus. Pendant ce temps, faites cuire 625 g de chifferis al dente, égouttez-les et remettez-les dans la casserole. Incorporez les crevettes, 5 c. à s. de crème fraîche et du jus de citron. Saupoudrez de basilic ciselé, puis servez.

20 MINUTES

Fusillis aux crevettes et au citron vert Faites chauffer un peu d'huile d'olive dans une poêle et faites dorer 1 gousse d'ail hachée et ½ piment rouge épépiné et haché pendant 30 secondes. Ajoutez 3 poireaux émincés et poursuivez la cuisson 5 minutes. Ajoutez 400 g de tomates concassées et 100 ml de bouillon de légumes ou de poisson chaud, puis faites cuire 10 minutes. Ajoutez le zeste râpé et le jus de 1 citron vert, et 100 ml de crème fraîche épaisse. Laissez mijoter 1 à 2 minutes, puis incorporez 300 g de grosses crevettes cuites décortiquées et faites chauffer le tout. Faites cuire 625 g de fusillis al dente, égouttez-les et remettez-les dans la casserole, puis incorporez la sauce et 1 poignée de basilic ciselé.

20 MINUTES

Casarecce au saumon, à la roquette et à l'oignon rouge

Pour 4 personnes
400 g de casarecce
100 ml de vin blanc sec
150 ml de crème fraîche épaisse
250 g de saumon fumé coupé en lanières
75 g de roquette
½ oignon rouge émincé
le zeste râpé de ½ citron
2 c. à c. de câpres rincées et égouttées
sel et poivre

- Dans une grande casserole d'eau bouillante salée, faites cuire les casarecce al dente selon les instructions de l'emballage.
- Pendant ce temps, portez le vin à ébullition dans une casserole, puis réduisez le feu et laissez-le mijoter 5 minutes. Incorporez la crème, assaisonnez et laissez bouillonner quelques minutes.
- Égouttez les pâtes, en réservant un peu d'eau de cuisson, puis remettez-les dans la casserole. Ajoutez la sauce, en délayant avec de l'eau de cuisson si nécessaire. Incorporez le reste des ingrédients et servez immédiatement.

10 MINUTES

Salade de risonis au saumon, à l'oignon rouge et à la roquette Faites cuire 300 g de risonis selon les instructions du paquet. Égouttez-les, rincez-les à l'eau froide, puis égouttez-les de nouveau. Pendant ce temps, mélangez 2 c. à s. de yaourt nature, 4 c. à s. de mayonnaise et du poivre noir dans un bol. Dressez les pâtes dans un saladier, puis incorporez le yaourt, le saumon fumé, la roquette, l'oignon, le zeste de citron et les câpres comme ci-dessus.

30 MINUTES

Casarecce au saumon grillé au miel Arrosez 2 filets de saumon de 1 c. à s. de miel et poivrez-les au moulin. Faites-les griller 12 à 15 minutes au four préchauffé à 200 °C, jusqu'à ce qu'ils s'émiettent facilement. Pendant ce temps, faites cuire les casarecce. Faites chauffer un peu d'huile d'olive dans une poêle et faites revenir 1 oignon rouge haché, puis ajoutez 75 ml de vin blanc sec et laissez mijoter jusqu'à réduction. Ajoutez 1 c. à c. de moutarde de Dijon, le zeste râpé de ½ citron et 75 ml de crème fraîche épaisse, et faites chauffer le tout. Égouttez les pâtes et remettez-les dans la casserole. Retirez la peau et les arêtes du saumon, émiettez-le et ajoutez-le à la sauce. Incorporez la sauce et 75 g de roquette aux pâtes égouttées. Servez aussitôt.

30 MINUTES

Fettucine à la crème de homard

Pour 4 personnes
25 g de beurre
2 échalotes finement hachées
1 c. à c. de concentré de tomate
1 gros homard cuit
2 c. à s. de cognac
150 ml de madère
75 ml de crème fraîche épaisse
1 jaune d'œuf
1 pincée de piment de Cayenne
200 g de fettucine
sel et poivre
quelques feuilles d'estragon ciselées pour décorer

- Faites fondre le beurre dans une poêle et faites revenir les échalotes à feu doux. Incorporez le concentré de tomate et poursuivez la cuisson 1 minute. Pendant ce temps, retirez la chair du homard et coupez la queue en deux. Ajoutez la carapace dans la poêle et poursuivez la cuisson 5 à 10 minutes.
- Retirez la poêle du feu et versez le cognac. Remettez sur le feu et faites bouillonner jusqu'à réduction. Ajoutez le madère et laissez mijoter 5 à 10 minutes, jusqu'à réduction de moitié. Filtrez dans une passoire, en pressant avec vos mains pour extraire le jus.
- Remettez la sauce dans la poêle. Mélangez la crème, le jaune d'œuf et le piment de Cayenne. Ajoutez 1 cuillerée à soupe de sauce dans cette préparation pour la réchauffer un peu, puis incorporez-la entièrement à la sauce. Faites chauffer la sauce sans la faire bouillir et ajoutez la chair de homard.
- Pendant ce temps, faites cuire les fettucine al dente, égouttez-les, en réservant un peu d'eau de cuisson, puis remettez-les dans la casserole. Incorporez la sauce, en ajoutant un peu d'eau de cuisson si nécessaire. Assaisonnez.
- Dressez dans des assiettes creuses, puis décorez de morceaux de queue de homard et d'estragon.

10 MINUTES

Fettucine minute au homard
Faites cuire les fettucine, égouttez-les (réservez de l'eau de cuisson) puis remettez-les dans la casserole. Incorporez 200 g de homard en conserve, 1 jaune d'œuf et 1 poignée d'estragon ciselé.

20 MINUTES

Salade de risonis au homard
Faites cuire 200 g de risonis selon les instructions du paquet. Égouttez-les, rincez-les à l'eau froide, puis égouttez-les de nouveau. Mélangez dans un grand bol 3 c. à s. de mayonnaise, 3 c. à s. de crème fraîche, le zeste râpé et le jus de ½ citron, 1 échalote hachée et 1 poignée de ciboulette et d'estragon ciselés. Incorporez la chair coupée en dés d'un homard cuit. Versez les pâtes dans un saladier, puis incorporez la préparation au homard et 1 grosse poignée de roquette.

30 MINUTES

Papardelles jambon de Parme-châtaigne-roquette

Pour 4 personnes
75 ml d'huile d'olive
6 feuilles de sauge
le zeste de ½ citron en lanières
100 g de châtaignes cuites pelées du commerce, éventuellement coupées en deux
400 g de papardelles
50 g de roquette
150 g de jambon de Parme
le jus de ½ citron
sel et poivre

- Versez l'huile d'olive dans une casserole, ajoutez la sauge et le zeste de citron, et faites revenir 10 minutes à feu très doux. Ajoutez les châtaignes et poursuivez la cuisson 10 minutes à feu doux. Retirez du feu et laissez refroidir 10 minutes.
- Pendant ce temps, dans une grande casserole d'eau bouillante salée, faites cuire les papardelles al dente selon les instructions du paquet, puis égouttez-les.
- Retirez le zeste de citron et la sauge de l'huile. Incorporez l'huile et les châtaignes aux pâtes.
- Dressez dans des assiettes creuses, puis décorez de roquette et de jambon de Parme. Servez immédiatement, avec un peu de jus de citron.

10 MINUTES

Papardelles express châtaigne-jambon de Parme
Faites cuire les papardelles et égouttez-les. Pendant ce temps, faites chauffer un peu d'huile d'olive dans une poêle et faites griller le jambon de Parme. Retirez-le de la poêle, puis ajoutez les châtaignes comme ci-dessus et 1 gousse d'ail émincée. Faites dorer 3 minutes. Agrémentez du jus et du zeste râpé de 1 citron. Incorporez cette sauce et le jambon émiettés aux pâtes. Décorez de persil plat ciselé, puis servez.

20 MINUTES

Papardelles à la crème de châtaignes et de champignons
Faites tremper 25 g de cèpes séchés dans de l'eau bouillante pendant 15 minutes, jusqu'à ce qu'ils soient tendres. Pendant ce temps, faites fondre un peu de beurre dans une poêle et faites blondir 1 échalote hachée, à feu doux. Ajoutez 50 ml de marsala et laissez bouillonner jusqu'à réduction. Ajoutez 150 ml de bouillon de poulet chaud et les châtaignes préparés comme ci-dessus, puis laissez mijoter 10 minutes jusqu'à ce qu'elles aient ramolli. Pendant la cuisson de la sauce, faites cuire les papardelles et égouttez-les. Incorporez les champignons et l'eau de trempage à la sauce, poursuivez la cuisson quelques minutes, puis ajoutez 50 ml de crème fraîche épaisse. Incorporez aux pâtes et décorez de jambon de Parme.

30 MINUTES

Cannellis aux crevettes et crème de tomate

Pour 4 personnes
25 g de beurre
1 oignon haché
1 bâton de céleri coupé en petits dés
1 gousse d'ail hachée
1 c. à c. de graines de fenouil
150 ml de vin blanc sec
1 c. à s. de cognac
400 g de tomates concassées en conserve
1 brin de thym
1 feuille de laurier
50 ml de crème fraîche épaisse
400 g de cannellis
1 c. à s. d'huile d'olive
8 grosses crevettes crues non décortiquées
sel et poivre
quelques feuilles de basilic ciselées pour décorer

- Faites fondre le beurre dans une casserole et faites revenir l'oignon, le céleri et l'ail 5 minutes, à feu doux. Ajoutez les graines de fenouil et poursuivez la cuisson 30 secondes.
- Hors du feu, versez le vin et le cognac. Remettez sur le feu et faites cuire quelques minutes à feu vif, jusqu'à réduction, puis incorporez les tomates, le thym et le laurier, et laissez mijoter 15 à 20 minutes, en ajoutant un peu d'eau si nécessaire.
- Retirez du feu. Ôtez le thym et le laurier, puis mixez la sauce avec un mixeur plongeant. Incorporez la crème et assaisonnez. Dans une grande casserole d'eau bouillante salée, faites cuire les cannellis al dente selon les instructions du paquet.
- Faites chauffer l'huile dans une poêle et faites dorer les crevettes 3 minutes de chaque côté.
- Égouttez les pâtes et réservez un peu d'eau de cuisson. Incorporez la sauce, ajoutez de l'eau de cuisson si nécessaire. Dressez dans des assiettes creuses, puis garnissez de crevettes et de basilic.

---

10 MINUTES

Spaghettis faciles tomate-crevette Faites cuire 400 g de spaghettis al dente, selon les instructions du paquet. Faites griller les crevettes comme ci-dessus 3 à 5 minutes sous le gril très chaud, jusqu'à ce qu'elles soient bien cuites. Égouttez les pâtes et remettez-les dans la casserole. Incorporez les crevettes, 50 g de beurre à l'ail, 2 tomates coupées en dés et le zeste râpé de 1 citron. Servez.

20 MINUTES

Cannellis tomate-crevette
Faites chauffer un peu d'huile d'olive dans une poêle et faites revenir 30 secondes 1 c. à c. de graines de fenouil et 2 gousses d'ail émincées. Ajoutez 400 g de tomates olivettes coupées en deux, un peu de vin blanc sec et un peu d'eau, et laissez mijoter 10 minutes. Incorporez les crevettes comme ci-dessus, prolongez la cuisson 3 à 5 minutes, jusqu'à ce qu'elles soient roses et bien cuites, puis ajoutez 50 g de mascarpone. Pendant ce temps, faites cuire les cannellis en suivant les instructions de l'emballage et égouttez-les. Incorporez la sauce aux crevettes et 1 poignée de basilic ciselé. Servez aussitôt.

30 MINUTES

Tagliarelles au bœuf grillé, sauce goulasch

Pour 4 personnes

2 c. à s. d'huile d'olive
1 oignon émincé
1 poivron rouge évidé et coupé en petites lanières
1 c. à c. de paprika fumé
400 g de tomates concassées en conserve
2 steaks de bœuf épais
325 g de tagliarelles
50 ml de crème fraîche
sel et poivre

- Faites chauffer 1 cuillerée à soupe d'huile s'olive dans un faitout et faites blondir l'oignon quelques minutes. Ajoutez le poivron, laissez cuire 5 minutes, puis ajoutez le paprika et les tomates. Assaisonnez. Portez à ébullition, puis laissez mijoter 15 minutes à feu doux.
- Pendant ce temps, faites chauffer une poêle-gril. Badigeonnez les steaks du reste de l'huile, assaisonnez-les, et faites-les griller 2 à 4 minutes de chaque côté, en fonction de la cuisson désirée. Attendez 5 minutes, puis coupez-les en gros dés.
- Faites cuire les tagliarelles al dente à l'eau bouillante salée, en suivant les instructions du paquet. Égouttez-les, réservez un peu d'eau de cuisson, puis remettez-les dans la casserole.
- Ajoutez la viande et la moitié de la crème fraîche à la sauce tomate, puis incorporez cette sauce aux pâtes, en délayant avec un peu d'eau de cuisson si nécessaire. Dressez dans des assiettes creuses et décorez du reste de la crème fraîche.

---

10 MINUTES

Tagliarelles au bœuf sauté et au poivron rouge Faites chauffer un peu d'huile d'olive dans un wok et faites sauter 1 gousse d'ail hachée avec 300 g de bœuf taillé en lanières 1 à 2 minutes, puis ajoutez 1 pincée de flocons de piment séché, 125 g de tomates cerises coupées en deux et 1 poivron rouge grillé en bocal, égoutté et taillé en lanières. Ajoutez un peu d'eau et poursuivez la cuisson à feu vif. Pendant ce temps, faites cuire les tagliarelles et égouttez-les. Incorporez la sauce au bœuf.

20 MINUTES

Tagliatelles au bœuf sauté, sauce pizzaiola Faites chauffer un peu d'huile d'olive dans une poêle et saisissez 300 g de faux-filet pendant 5 minutes à feu vif. Retirez la viande et laissez-la reposer. Ajoutez 400 g de tomates concassées en conserve, 1 gousse d'ail écrasée, 1 c. à c. d'origan séché et 1 poignée d'olives noires dénoyautées, et laissez mijoter 10 minutes jusqu'à épaississement. Pendant ce temps, faites cuire et égouttez les tagliatelles en suivant les instructions de l'emballage. Coupez la viande en lamelles, ajoutez-les à la sauce, puis incorporez la sauce aux pâtes. Servez aussitôt.

30 MINUTES

Chaussons de patate douce à la sauge

Pour 4 personnes

1 grande feuille de pâte à pâtes fraîches, ou 24 disques de pâte à wontons ou à gyozas
farine
1 jaune d'œuf
2 amarettis émiettés

Garniture

3 petites patates douces pelées et coupées en morceaux
40 g de parmesan râpé
1 pincée de muscade râpée
sel et poivre

Beurre à la sauge

50 g de beurre
8 feuilles de sauge

- Faites cuire les patates douces 10 minutes à l'eau bouillante, puis égouttez-les. Laissez-les refroidir un peu, puis mélangez-les avec le parmesan et la muscade, et assaisonnez à votre goût.
- Déposez la feuille de pâte sur un plan de travail propre, légèrement fariné, puis découpez 12 carrés de 3 cm de côté et 12 carrés de 4 cm de côté (ou utilisez de la pâte à wontons ou à gyozas). Déposez 1 grosse cuillerée à soupe de garniture au centre d'un petit carré de pâte et badigeonnez d'œuf le pourtour. Badigeonnez le pourtour d'un grand carré, et déposez-le sur le premier. Pressez le chausson du bout des doigts pour faire sortir l'air et le sceller. Déposez-le sur une plaque de cuisson légèrement farinée. Répétez l'opération avec le reste de la pâte et de la garniture.
- Dans une grande casserole d'eau bouillante salée, faites cuire les chaussons 3 minutes en 2 fois. Égouttez-les et réservez un peu d'eau de cuisson.
- Faites fondre le beurre dans une petite poêle jusqu'à ce qu'il mousse. Ajoutez la sauge et faites cuire 1 minute, puis, avec un fouet, incorporez 3 à 4 cuillerées à soupe d'eau de cuisson. Dressez les pâtes sur des assiettes, agrémentez-les de sauce et de miettes d'amarettis.

---

10 MINUTES

Penne à la patate douce et à la sauge Faites cuire les patates douces comme ci-dessus, avec 400 g de penne. Égouttez et remettez dans la casserole, puis incorporez 1 poignée de sauge ciselée, 25 g de beurre et 25 g de parmesan râpé. Servez aussitôt.

20 MINUTES

Penne à la patate douce, sauce amandine Coupez 2 patates douces en gros dés et badigeonnez-les d'huile d'olive. Faites-les rôtir 10 à 15 minutes sous le gril du four préchauffé à puissance moyenne. Faites cuire 400 g de penne al dente. Mixez 100 g d'amandes avec 50 ml d'eau au robot ou au mixeur. Faites fondre 25 g de beurre dans une poêle, ajoutez la pâte d'amande et faites revenir 3 à 5 minutes jusqu'à épaississement. Ajoutez 25 g de parmesan râpé et un peu de jus de citron, puis réchauffez la sauce. Égouttez les pâtes, remettez-les dans la casserole, incorporez la sauce amandine et les patates douces. Servez.

Index

Les numéros de pages en *italique* renvoient aux photos.

Publié pour la première fois en Grande-Bretagne en 2012 par Hamlyn,
département d'Octopus Publishing Group Ltd, sous le titre, *Hamlyn Quick Cook Pasta*.

Recettes d'Emma Lewis
Copyright © Octopus Publishing Group Ltd 2012

Copyright © Hachette Livre (Marabout) 2012 pour la traduction
et l'adaptation françaises

Hachette Livre (Marabout) - 43, quai de Grenelle - 75905 Paris Cedex 15

Traduction et adaptation : Valentine Morizot
Mise en pages : Les PAOistes
Relecture-correction : Dorica Lucaci
Suivi éditorial : Natacha Kotchetkova

Tous droits réservés. Toute reproduction ou utilisation de l'ouvrage sous quelque forme
et par quelque moyen électronique, photocopie, enregistrement ou autre que ce soit,
est strictement interdite sans autorisation écrite de l'éditeur.

Pour l'éditeur, le principe est d'utiliser des papiers composés de fibres naturelles,
renouvelables, recyclables et fabriquées à partir de bois issus de forêts qui adoptent
un système d'aménagement durable.

En outre, l'éditeur attend de ses fournisseurs de papier qu'ils s'inscrivent dans
une démarche de certification environnementale reconnue.

Remerciements

Responsable éditorial : Eleanor Maxfield
Édition : Joanne Wilson
Préparation de copie : Jo Murray
Directeur artistique : Jonathan Christie
Maquette : www.gradedesign.com
Direction artistique : Juliette Norsworthy & Tracy Killick
Photographe : Craig Robertson
Shopping : Emma Lewis
Styliste : Isabel De Cordova
Fabrication : David Hearne

ISBN : 978-2-501-07730-9
Dépôt légal : août 2012
41.1786.7/01
Achevé d'imprimer en Chine par Toppan